정브르

121만 구독자를 보유한 생물 크리에이터로 MCN 회사 샌드박스네트워크 소속이에요. 곤충과 파충류부터 바다생물까지 다양한 생물을 소개하는 참신한 콘텐츠를 선보이며 생물 전문 크리에이터로 큰 사랑을 받고 있답니다. 유튜브 채널에서 동물 사육, 채집, 과학 실험 등의 재미있고 유익한 영상을 소개하고 있으며, 도서와 영화를 통해 고유의 콘텐츠와 더불어 동물을 사랑하는 마음까지 대중에게 알리고 있어요.

1판 1쇄 인쇄 2022년 3월 15일
1판 3쇄 발행 2022년 8월 31일

발행인 | 조인원
편집인 | 안예남
편집장 | 최영미
편집자 | 손유라
출판마케팅 담당 | 홍성현, 경주현
제작 담당 | 이수행, 오길섭

발행처 | (주)서울문화사
등록일 | 1988년 2월 16일
등록번호 | 제 2-484
주소 | 서울특별시 용산구 새창로 221-19
전화 편집 | 02-799-9375 **출판마케팅** | 02-791-0750
본문 구성 | 덕윤웨이브 **디자인** | 권빈

ISBN 979-11-6438-991-9
979-11-6438-488-4 (세트)

생생체험 자연관찰
정브르의
파충류일기
지음 정브르
감수 샌드박스네트워크
브르와 함께 떠나는
파충류 · 양서류 여행!
서울문화사

차례

파충류란 무엇일까?

파충류란?	
피부	비늘로 덮여 있어요.
호흡	폐로 숨을 쉬어요.
체온	변온 동물이에요.
번식	주로 알을 낳아요.

파충류 탐구 노트 - ①

★몸 표면이 비늘로 덮여 있어요.

파충류는 몸이 두껍고 튼튼한 비늘로 덮여 있어요. 이 비늘이 파충류의 몸을 보호해 주고, 피부의 수분이 날아가는 것을 막아 주지요. 뱀이나 도마뱀 같은 파충류는 탈피 과정을 통해 사용하던 비늘을 새 비늘로 갈아입기도 해요.

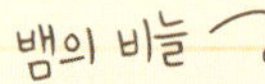

파충류 탐구 노트 - ②

★ 어릴 때와 다 자랐을 때의 모습이 같아요.

애벌레로 태어나 번데기 시기를 거쳐 어른의 모습으로 자라는 동물이 있어요. 나비나 사슴벌레 같은 곤충이 이러한 *변태 과정을 거치지요. 하지만 파충류는 변태 과정을 거치지 않아요. 주로 딱딱한 알에서 태어나는 파충류는 알을 깨고 나올 때부터 다 자랐을 때의 모습과 생김새가 똑같답니다.

*변태: 다 자란 동물인 성체와 생김새, 생활 환경 등이 다른 유생의 시기를 거치는 과정.

알을 깨고 나오는 거북

파충류 탐구 노트 - ③

★ 일광욕을 좋아하는 변온 동물이에요.

파충류는 사람과 달리 몸의 온도를 직접 조절할 수 없어요. 주변 온도에 따라 체온이 변하기 때문에 해가 떠 있을 때 일광욕을 하며 몸의 온도를 높이고, 온도가 너무 높을 때는 그늘에서 열을 식혀요. 악어는 두꺼운 피부 때문에 입을 벌리며 몸의 온도를 빨리 식히기 위해 노력해요.

입을 벌리고 있는 악어.

1화

벽 타기 선수, 게코

*게코: 도마뱀붙이 종류를 통틀어 일컫는 말.

브린이를 위한 파충류 상식

크레스티드 게코의 '크레스티드'는 볏이 있다는 뜻이고, '게코'는 도마뱀의 한 종류인 도마뱀붙이를 뜻해요. 그래서 크레스티드 게코는 '볏도마뱀붙이'라고도 불리고, 줄여서 '크레'라고도 불려요.

*모프: 다른 색상, 무늬, 눈의 모양을 가진 같은 종의 게코를 구분하는 이름.

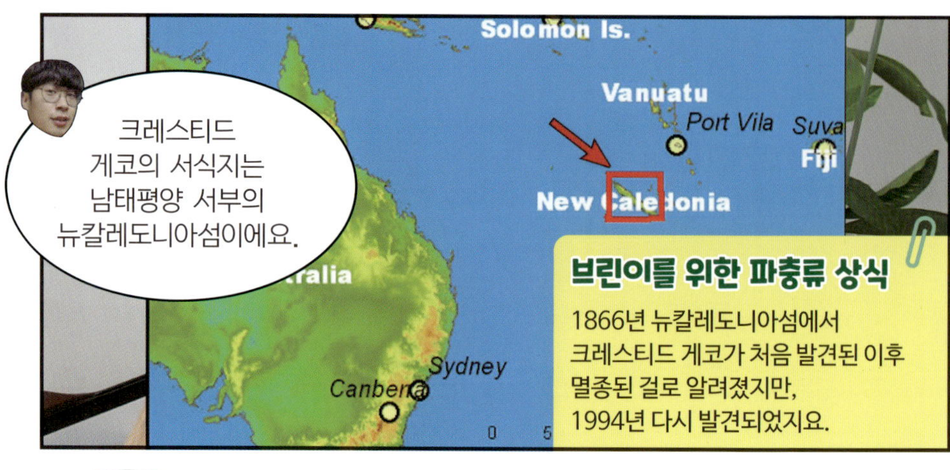
Solomon Is.
Vanuatu
Port Vila
Suva
Fiji
New Caledonia
tralia
Sydney
Canberra
크레스티드 게코의 서식지는 남태평양 서부의 뉴칼레도니아섬이에요.
브린이를 위한 파충류 상식
1866년 뉴칼레도니아섬에서 크레스티드 게코가 처음 발견된 이후 멸종된 걸로 알려졌지만, 1994년 다시 발견되었지요.

자, 그럼 우리 친구가 지낼 집을 꾸며 줄게요!
사육장 만들기
기대된다!
따로 바닥재 없이 키친타월이나 물티슈를 깔게요.
키친타월

인조 식물
나무 위를 좋아하는 교목성이니까 예쁜 인조 식물을 넣어 꾸밀게요!

코르크보드
파충류 전용 해먹

브린이를 위한 파충류 상식

도마뱀붙이의 발끝에는 무수히 많은 털이 나 있는데, 이 털이 빨판 역할을 해요. 벽에 붙을 때 발바닥 털과 벽면 사이에 서로 잡아당기는 힘(판데르발스 힘)이 작용해서 벽을 잘 탈 수 있지요.

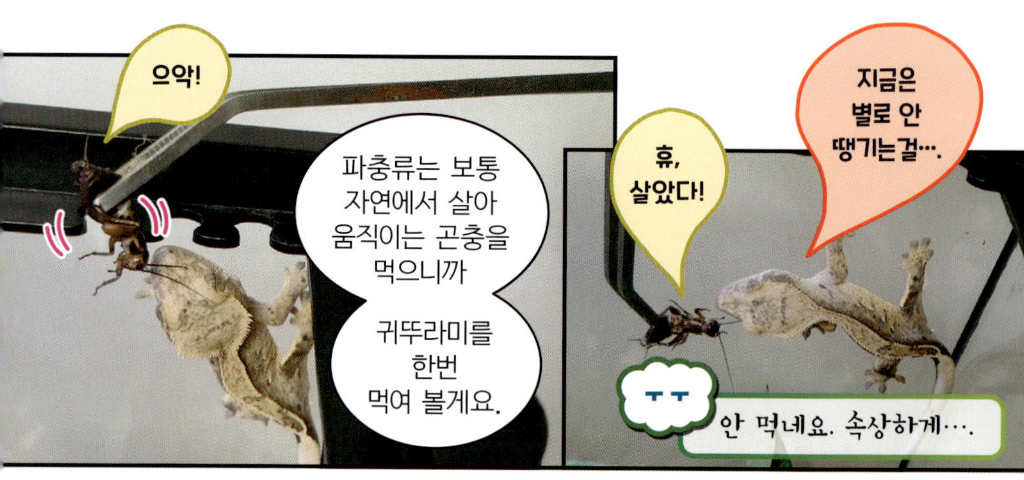

그럼 *슈퍼푸드라는 사료를 줄게요.

APRICOT

PANGEA GECKO DIET

NUTRITIOUS COMPLETE DIET

For crested geckos and all fruit eating gecko species.

Fortified with real fruit, quality protein, minerals, and vitamins!

PANGEA

슈퍼푸드

콸 콸

적당량을 덜어 물을 붓고,

휙 휙

죽처럼 섞어 주세요.

*슈퍼푸드: 작은 곤충이나 과일로 만들어진 영양소가 풍부한 인공 사료.

브린이를 위한 파충류 상식

일부 도마뱀은 적에게 위협받았을 때, 스스로 꼬리를 자르고 도망가기도 해요. 이렇게 몸의 일부를 끊는 행동을 '자절'이라고 하지요. 하지만 잘라 낸 꼬리는 딱 한 번만 다시 자라고, 자라는 과정에서 많은 에너지를 쏟아야 해요. 게다가 모든 도마뱀의 꼬리가 다시 자라는 건 아니죠. 크레스티드 게코는 꼬리가 한 번 끊어지면 다시 자라지 않으니 조심히 다뤄야 해요.

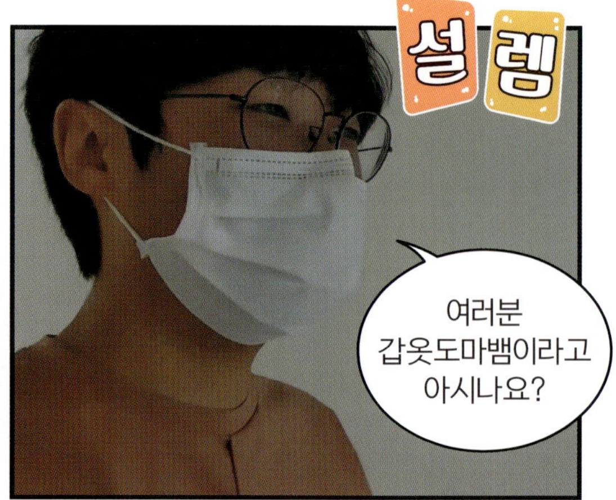

온몸에
갑옷처럼 가시가
돋아서 용처럼
생긴 친구인데,

거들테일

두근

짜잔

바로
'거들테일
아르마딜로
리자드'예요.

두 마리
입양하기로
했어요.

잘
부탁해~.

친구들 집을
꾸밀 용품도
살게요.

철저하게 준비하는 브르!

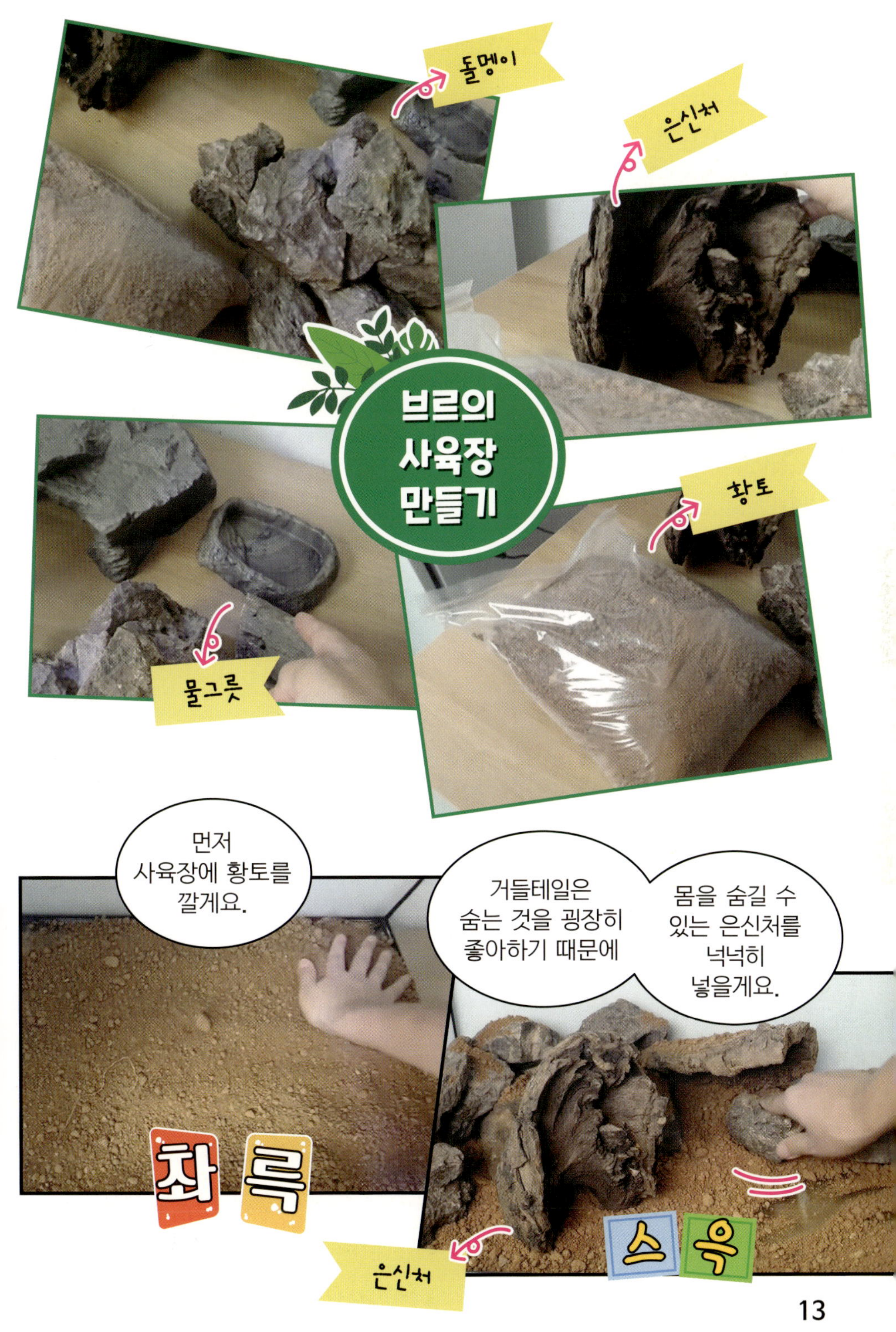
돌멩이
은신처
브르의
사육장
만들기
황토
물그릇
먼저
사육장에 황토를
깔게요.
좌르륵
거들테일은
숨는 것을 굉장히
좋아하기 때문에
몸을 숨길 수
있는 은신처를
넉넉히
넣을게요.
스윽
은신처

여기
숨으면 정말
귀엽겠죠?
멋진 사육장 완성~!
자유롭게
돌아다니도록
돌멩이도 여기저기
넣었어요.
물그릇까지 세팅 완료!
자,
그럼 이사 가
볼까?
잘 꾸며
놨어?
콩 닥 콩 닥

*탈피: 파충류가 자라며 허물이나 껍질을 벗는 것.

버둥버둥

좋은 말로
할 때
그만해라!

미안,
여기까지만
할게!

머리가 크고
꼬리가
두꺼운 쪽이
수컷이에요.

수컷

암컷

수컷

암컷

브린이를 위한 파충류 상식

알을 낳으면 난생, 새끼를 낳으면 태생이라고 해요. 그런데 몸속에서 알을 품고 있다가 새끼가 알을 깨고 나올 때 새끼를 몸 밖으로 내보내는 경우도 있어요. 이것을 난태생이라고 부르지요. 거들테일은 난태생으로 새끼를 보통 1년에 한 마리 정도 낳아요.

이제 밥을 줘야겠죠? 거들테일은 육식을 하니 귀뚜라미를 줄게요!

스윽

귀뚜라미

관심 없음

나 안 먹을 거야?

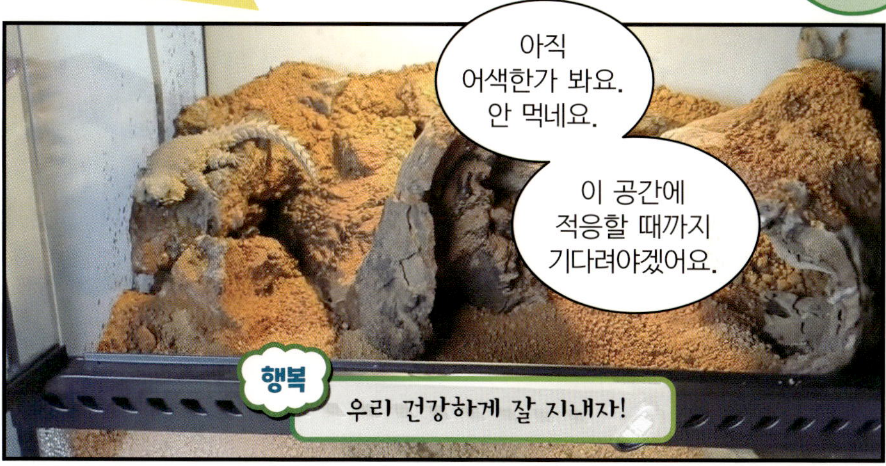

아직 어색한가 봐요. 안 먹네요.

이 공간에 적응할 때까지 기다려야겠어요.

행복

우리 건강하게 잘 지내자!

브린이를 위한 파충류 상식

남아프리카에 서식하는 거들테일 아르마딜로 리자드는 주로 돌이 많고 건조한 암석 지대에 살아요. 주로 낮에 활동하며 벌레들을 잡아먹지요. 온도에 민감하기 때문에 낮에는 31~35도, 밤에는 20~25도로 맞춰 줘야 해요.

따끈따끈
커플 목욕

결국 잡혀 온 거들테일 커플!

목욕
싫어!

뜨뜻~
하다~.

따 끈 따 끈

여기
사이사이에 탈피
껍질들이 껴 있는데,
이게 몸 안으로 파고들
수 있어요.
장갑 같죠? 다 탈피 껍질이에요.

조심스럽게 떼는 브르!
잘 안 벗겨져서
물에 조금 더
불릴게요.

10분 후
거들테일은 건조한
환경에서 살기 때문에
안전하게 탈피하도록
온욕으로 도와주는 게
좋아요.

원래 색상이 나왔네요!

이제 그만해라….

크르르

예민해진 거들테일 친구!

조금 습한 환경을 만들어서 스스로 벗게 해야 할 것 같아요.

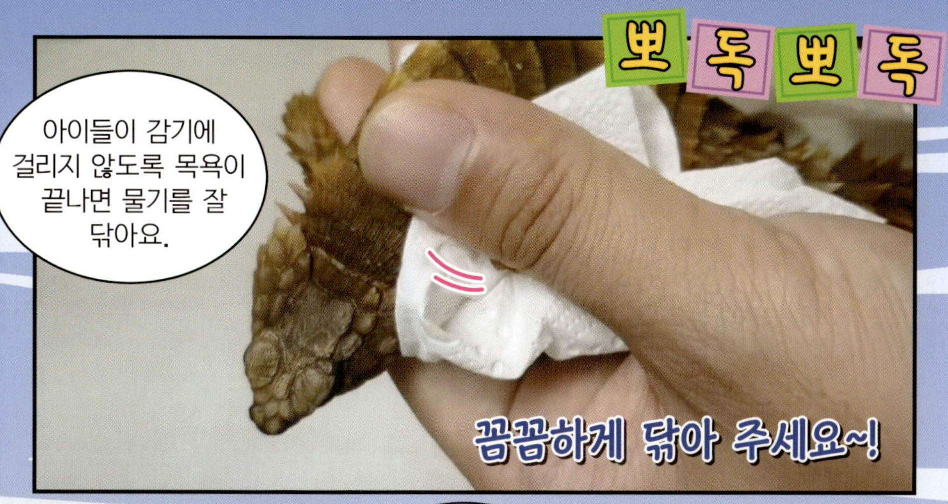
뽀독뽀독
아이들이 감기에
걸리지 않도록 목욕이
끝나면 물기를 잘
닦아요.
꼼꼼하게 닦아 주세요~!

아참,
얼마 전에
황당한 일이
있었어요.
왜 여기 가만히 있어?

나 좀
꺼내 줘!
낑낑
너 혹시
여기 낀
거야?

끼끼
내가 얼른
구해 줄게!
탈출 성공

놀라서
그만 실수를….

황토
빈틈은 황토로 막았어요.

브르랑 오래오래 건강하게 살자!

정브르의 파충류 탐구

길고 가느다란 꼬리를 가진 도마뱀은 주로 낮에 활동하고 원형의 눈동자를 가져요. 하지만 벽에 잘 붙는 도마뱀붙이류는 주로 밤에 활동하고 눈동자가 타원형이랍니다.

영상으로 확인해 봐요!

★정브르의 파충류 탐구★

파충류 이름: 비어디드래곤

비어디드래곤은 턱수염도마뱀이라고도 불러요. 머리와 목에 가시처럼 뾰족뾰족한 비늘이 돋아 있지요.

비어디드래곤은 약 50cm까지 자라고, 살아 있는 곤충을 먹지만 야채도 먹는 잡식성이에요.

★정브르의 파충류 탐구★

파충류 이름: 레오파드 게코

표범처럼 얼룩덜룩한 점무늬가 있는 레오파드 게코는 표범도마뱀붙이라고도 불러요. 대부분의 도마뱀붙이류가 매끄러운 표면을 기어오를 수 있지만 레오파드 게코는 벽 타기를 못해요.

영상으로 확인해 봐요!

2화

가장 커다란 파충류는?

브린이를 위한 파충류 상식

파충류 중에서 가장 큰 악어는 앨리게이터, 크로커다일, 가비알 등으로 나뉘어요. 드워프 카이만은 앨리게이터과의 악어 중에서 가장 작은 종이라서 '난쟁이 카이만'으로도 불려요.

악어는 작은 수생 생물을 잡아먹어요. 사육장에 열대어 수마트라를 많이 넣어 놨었는데, 지금은 거의 없네요.

수마트라

깨
끗

꺼억~!

다가오면
문다….
크르릉
보호
장갑을 끼고
악어랑 교감해
볼게요!
콰악
교감 실패!
조심
다시 시도를….
건들지 마!
콰악!
으악!
브르 살려!
덥석
첫!
잡히다니!
짜잔
무척 사납죠?
악어는 주인을 잘
몰라 봐서 어릴 때부터
많이 노력해야
한대요.

지금은
많이 먹어서 배가
빵빵하지만,
살이 많이 찌면
건강이 나빠질 수 있기
때문에 먹이양을
조절해야 돼요.
빵 빵

이거 놔!
이빨 맛
좀 볼래?
버 둥 버 둥
이 친구는
아직 어린데, 나중에
더 자라면 제압하기
힘들 것 같아요.
크앙!

드워프 카이만은
수명이 20~40년이고,
1~1.2m까지
커요.
제발
우리 잘 지내보자.
다 자란 모습!

브린이를 위한 파충류 상식

악어의 피부는 딱딱한 비늘로 덮여 있어요. 두껍고 단단한 피부 때문에 체온이 한 번 올라가면 잘 내려가지 않죠. 그럴 때 뜨거워진 몸을 식히기 위해 입을 벌려요.

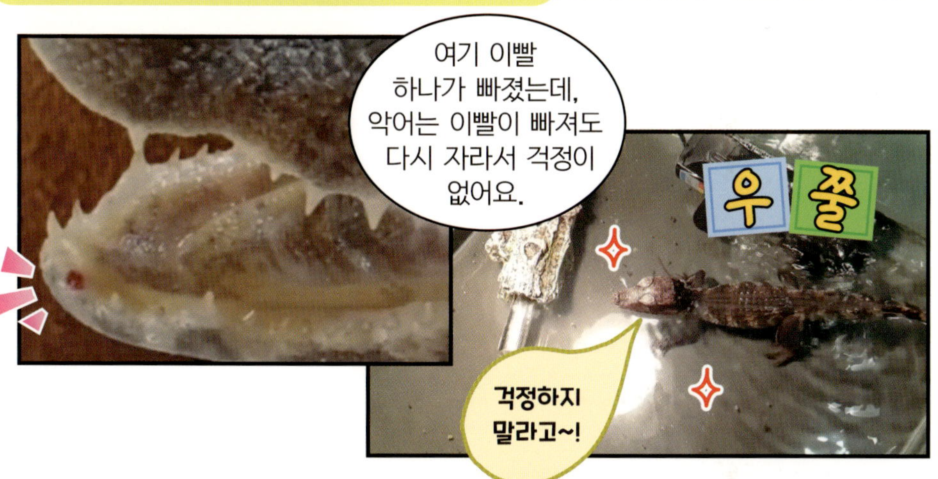

리틀 아마존 만들기

오늘은 악어의 사육장을 꾸미려고 해요.

아참! 이 친구 이름은 '아거'로 지었어요.
우리 집을 꾸며 준다고?
빠 직
움직이기 귀찮은데…!
집 청소하게 잠시만 나가 있자!

얌 전
착한 내가 한 번만 참는다.
기특
오구오구, 우리 아거 철들었네?
그럼 아거 집 청소하러 출발~!
일일 청소부 브르!

싸아아아
물 높이를 조절하기 위해 벽돌을 층층이 쌓고 물을 부을게요!

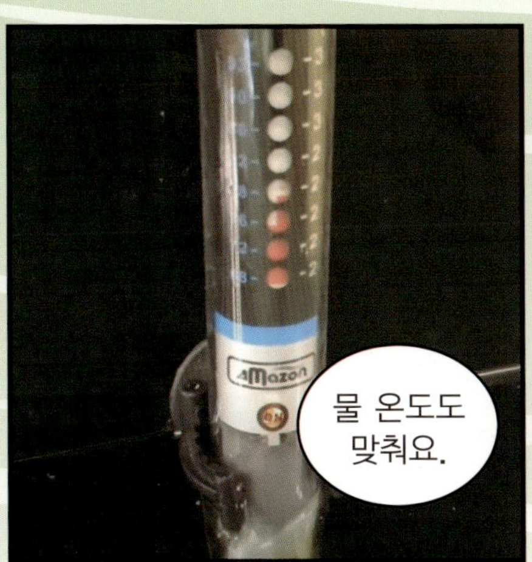
물 온도도 맞춰요.

자갈
식물을 넣기 위해 벽돌 뒤에 자갈을 깔고,

황금죽을 넣어 초록초록한 분위기를 연출했어요.
황금죽
그리고 스킨답서스라는 식물도 넣을게요.
스킨답서스

나란히 넣어 두니 정말 예쁘죠?
앞으로 우리 아거 집을 잘 부탁해!

아거야, 집에 가자~.

이게… 우리 집?
어리둥절

작은 열대 우림 아거의 집!
직접 사냥할 수 있도록 물고기들도 넣어 줄 거예요.

어린이를 위한 파충류 상식

악어는 뒷발에 물갈퀴가 있어서 헤엄을 잘 칠 수 있어요. 그리고 머리 위쪽에 위치한 눈과 콧구멍 덕분에 물속에서도 쉽게 숨 쉬고 앞을 볼 수 있지요.

이 친구가 아거 사육장에 있는 찌꺼기를 다 먹더라고요. 아거랑도 잘 지내길래 계속 같이 기르기로 했어요.

청소를 부탁해~!

다슬기

우렁이랑 다슬기는 이끼 제거용으로 넣을게요.

우렁이

아참! 새우 친구의 은신처도 하나 넣을게요.

은신처

우리 아거랑 사이좋게 지내!

아까 아거 집을 청소하다가 발견한 *스파이더 크랩도 넣어 줍니다.

나도 같이 사는 거야?

앙 증

*스파이더 크랩: 강이나 호수 같이 염분이 없는 물에서 살아가는 아주 작은 게.

톡 톡

우리 아거는 친구도 많네! 정말 부럽네요~.

나중에 작은 물고기를 50~100마리 넣어 주면 아거가 스스로 사냥해서 먹을 거예요.

아거

아거의 멋진 집 완성!

첨 벙 첨 벙
ㅋㅋㅋ
짧은 다리로 열심히 수영하네요.

살짝
친해져야 하니까 조심히 만질게요.

도마뱀 같은 모습!
아거가 많이
온순해져서 물속에 사는
도마뱀 같기도 해요.
계속 교감하면 더 친해질
수 있을 거예요.
톡톡톡

적당히
만지라고!
과한 교감은
아거를 화나게 한다….
끄아아아!

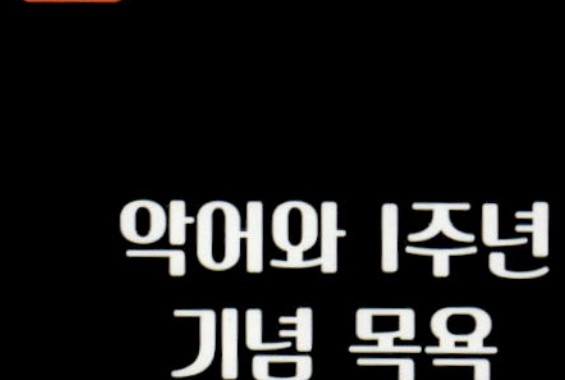
악어와 1주년
기념 목욕

먼저
브르가 키우는
색다른 동물들을
소개할게요!
두근두근

괜히 질투
나보다 더
색다를 수
없을걸?
등딱지가
뾰족한
늑대거북이에요.
친구들,
안녕~?

반가워~!
아빠,
밥 주세요!
앙증맞은
우파루파도
키우고,
귀여운
별거북도 키우고
있습니다.

처음으로
아거를 맨손으로
만져 보려고
해요.
경계
뭐야,
뭐야,
뭐야?
이제야
나한테
오는 거야?
친구야, 나와 볼까?

매,
맨손으로?
슬쩍
어리둥절
내가
안 무서워?
신기
성공했어요!

얼떨결에 잡힌 아거.
아거랑 저랑
지낸 지
1년 됐는데,
드디어
맨손에
올렸어요!
당황
여긴 어디?
나는 누구?
뿌듯
많은 교감 끝에 신뢰를 쌓았다는 증거겠죠?

하지만
무서우니까
내려 놓자.

다시 사나워진 아거!
만지지
마라….
째릿

버둥버둥
이번에는
목욕시켜 주려고
장갑을 끼고
아거를 꺼냈어요.
왜 자꾸
귀찮게
하는데?
예민

1년이 지나니까
이빨도 많이
날카로워졌네요.
이젠 물리면
큰일 나겠어요.
뾰족

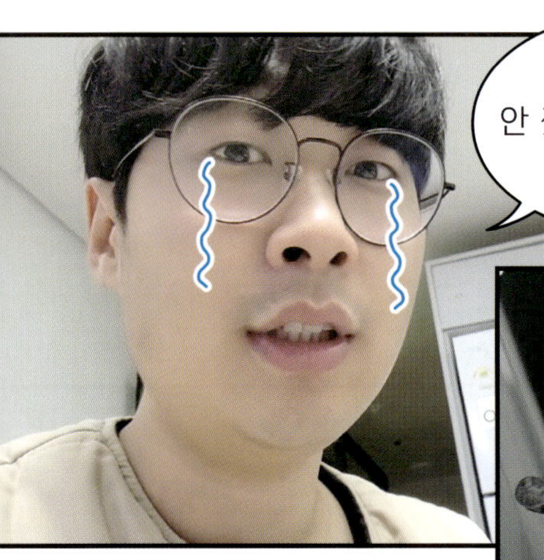

브린이를 위한 파충류 상식

주로 남아메리카와 중앙아메리카에서 서식하는 드워프 카이만은 작은 크기 때문에 반려동물로 인기가 많아요. 하지만 악어는 성격이 사납고 사육 난이도가 높은 편이랍니다.

쓱싹쓱싹

껴안고 자기, 산책 가기, 밥 먹을 때 눈 마주치기 등

다양한 노력으로 신뢰를 쌓아야 주인을 알아본다고 해요.

제가 그렇게 하진 못하지만, 그래도 매일매일 눈 마주치고 밥도 주는데… 어?

뒤쪽에 숨어 있던
가물치가 부러운 듯
쳐다보고 있어요.

나도 목욕
하고 싶다~!

브르 아빠,
목욕시켜 줘서
고마워~!

앞으로도 좋은 추억 많이 쌓자!

정브르의 파충류 탐구

가장 커다란 파충류인 악어는 열대와 아열대 지역의 물가에 살아요. 강한 턱의 힘과 튼튼한 가죽으로 덮인 몸 때문에 무시무시한 사냥꾼으로 불리죠.

★정브르의 파충류 탐구★

파충류 이름: 가비알

악어의 한 종류인 가비알은 인도, 파키스탄 등의 강에 주로 살아요. 주둥이가 가늘고 긴 게 특징이지요. 가비알은 악어 중에서 몸집이 작은 편이라 작은 *수생 동물을 잡아먹어요.

*수생 동물: 물속에 사는 동물을 통틀어 이르는 말.

★정브르의 파충류 탐구★

파충류 이름: 크로커다일

악어의 한 종류인 크로커다일은 물속에 사는 물고기는 물론이고, 땅 위에 사는 동물들도 잡아먹을 정도로 성격이 사나워요.
입을 다물어도 아래 이빨이 보이는 게 특징이에요.

브르의 미로 찾기
브르가 카멜레온을 만날 수 있도록 도와주세요.
출발

정답은 140쪽에!

3화

쉬익쉬익 귀여운 뱀

반가워~!

오늘은 정말 귀여운 뱀, 콘스네이크를 소개할게요!

짜잔

브린이를 위한 파충류 상식

콘스네이크는 옥수수뱀이라는 뜻이에요. 몸의 무늬가 옥수수 알과 비슷해서 이런 이름이 붙었어요. 콘스네이크는 몸 색깔이 무척 다양하고 아름다워서 많은 사람에게 사랑받고 있어요.

*핑키: 갓 태어난 어린 쥐로, 뱀의 크기에 맞는 사이즈의 쥐를 제공해야 해요.

브르 아빠다!
그럼 다시 다른 콘스네이크 친구들을 소개해 볼게요.
우리가 제일 멋지지~?
이 친구는 몸이 자줏빛이에요.
이 친구는 몸 색이 무척 어두워요.
노란 빛깔에 동그란 무늬가 특징인 버터 모틀리 콘스네이크예요.
호박 같은 색이지!
짙은 주황빛의 엠버라는 친구예요.
동그란 무늬
이 친구는 골든 더스트인데, 버터 모틀리랑 거의 비슷하네요!
자라면서 점점 차이점이 보이겠죠?
혓바닥을 날름거리는데, 물지는 않아요.
만졌을 때 촉감도 정말 좋아요.
바깥 구경 시켜 줘!
매 끈
아빠, 밥 주세요!

사육장 꾸미기

아스펜 베딩!

물그릇

콘스네이크의 집 꾸미기!

아스펜 베딩을
바닥에 깔면 나중에
뱀이 탈피할 때
도움을 줘요.

바닥재로 최고예요.

물그릇과
코코넛 은신처를
넣어 줍니다.

뱀들이 은신처
안에 들어가서
잠을 잘 거예요.

코코넛 은신처

사육 온도는
24~28도로
맞추고,

겨울에는
미니 전기 장판을
까는 게
좋아요.

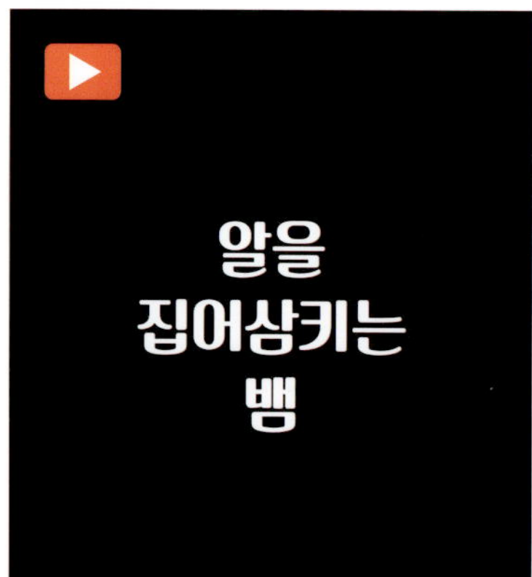
알을
집어삼키는
뱀

후후, 제가
왜 메추리알을
샀을까요?
마트에서 메추리알을
산 브르!

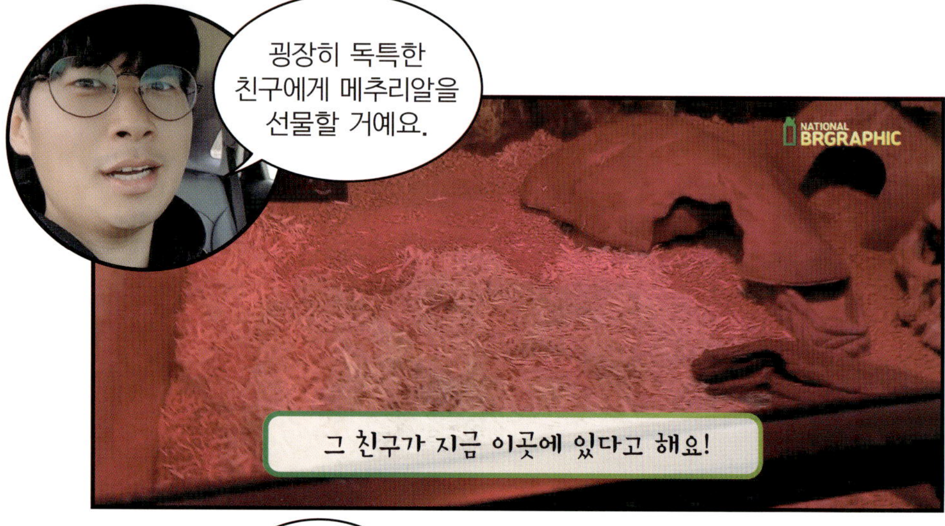
굉장히 독특한
친구에게 메추리알을
선물할 거예요.
NATIONAL
BRGRAPHIC
그 친구가 지금 이곳에 있다고 해요!

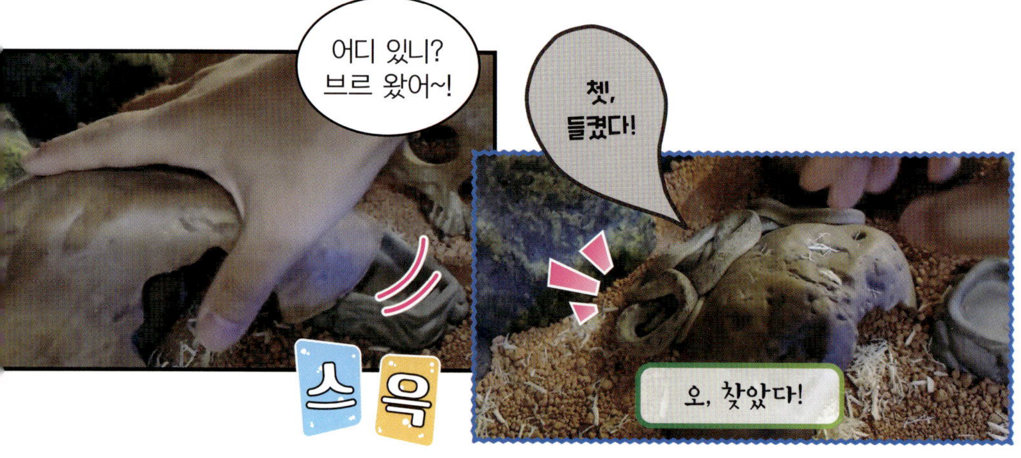
어디 있니?
브르 왔어~!
스윽
칫,
들켰다!
오, 찾았다!

똘망똘망
이 친구는 알을 먹는 뱀, 에그이터예요.
여기에는 두 마리가 같이 있는데, 굉장히 얌전하네요.
식사 시간인가?

에그이터는 독이 없는 뱀이에요.
또 다른 에그이터 친구를 만나러 온 브르.
낮잠 시간에 방문하다니!
이빨도 없어서 무시무시한 소리를 내며 적을 위협해요.
음, 너는 좀 예민한 것 같다?

샤아아아
이빨이 없어서 그런지 조금 더 사납고 예민한 편인 것 같아요.
눈을 보며 교감해 볼까요?

으어어억!
저리 가!
촤아아악!
갑자기 달려드는 에그이터!

난 너랑 놀 마음 없어!
와, 정말 깜짝 놀랐어요…. 지금 기분이 좋지 않은가 봐요.
선물로 산 메추리알로 달래 볼게요.
엄청나게 예민한 에그이터….

뜨끈
메추리알을 냉장 보관해서 차가우니까
온열 램프를 사용해서 살짝 데울게요.

브린이를 위한 파충류 상식

뱀은 턱과 몸통이 잘 늘어나서 자기 몸보다 훨씬 큰 먹이도 삼킬 수 있어요. 뱀은 보통 작은 동물이나 설치류를 주로 잡아먹고, 알을 먹는 뱀은 흔하지 않아요.

며칠 후
또 왔어?
제가 없을
때만 알을 먹어서,
알 먹는 걸 계속
못 보고 있어요!
메추리알 껍데기
ㅜㅜ
먹은 흔적만 있습니다.

먹는 거 한 번만
보고 싶다….
좀 먹어 줘~.
샤아아아
지겹지도 않아?!
저리 가!
예민

쓰담쓰담
저 친구는
좀 무서워서
얌전한 에그이터랑
놀아야겠어요.
넌 정말 착하구나? 물지도 않고….

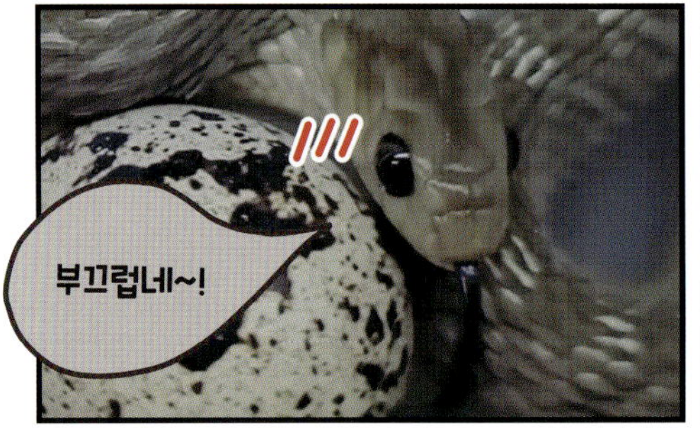
부끄럽네~!

탈피 껍질
기특
얌전하고 탈피도 잘하네요.

메추리알
에그이터를
키우는 분이
찍은 영상을 한번
볼게요.
쩌억
크게 벌어진 에그이터의 입!
꿀꺽
엄청나게 늘어난 목!
영상으로
확인해 봐요!

나중에
조금 더 크면
계란도 먹을 정도로
턱이 엄청
늘어나요.
안 먹으면 가져갈까?
동작
그만!
짜릿
알겠어,
여기 그냥
둘게.
아무튼
이렇게 에그이터를
만나 봤고요, 이 친구랑
좀 친해진 것 같⋯.
만지작
도망
가자!
앗!
기다려 줘!
후다닥
통제 불가!

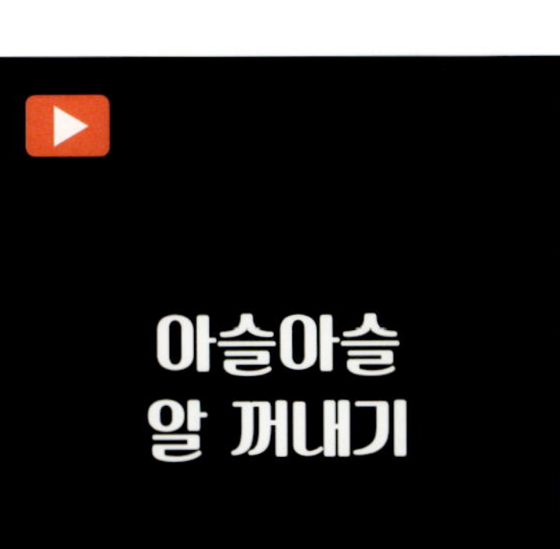

엄청난 규모의 파충류 아파트!

와, 대단하죠? 오늘 뱀이 낳은 알을 직접 꺼내 보려고 이곳에 왔어요.

물론 온 김에 다른 파충류 친구들도 구경해야겠죠~?

여긴 갓 태어난 게코 친구들이네요.

앗, 넌 누구야?

칙칙

수백 마리의
친구들을
기르니까

물을
뿌릴 때도 이렇게
커다란 분무기를
사용하네요….

물이다!

칙칙

브린이를 위한 파충류 상식

대부분의 뱀은 알을 낳고 나서 알을 품지 않아요. 모성애가 거의 없어서 알을 낳고 떠나는 경우가 많죠. 간혹 새끼를 낳는 뱀도 있지만, 새끼를 낳는 뱀도 마찬가지로 새끼를 돌보지 않는다고 해요. 알이나 새끼를 보살피는 뱀은 거의 없답니다.

미션 성공!

굉장히 긴장했는데, 무사히 뱀 알을 꺼냈어요!

알들이 다닥다닥 붙어 있어요.

촉감은 말랑말랑하면서도 딱딱해요!

인큐베이터

건강하게 태어나 주렴~!

알은 인큐베이터에 넣어 두었고, 부화까지 두 달 정도 걸린다고 해요.

브린이를 위한 파충류 상식

뱀은 두 가닥으로 갈라진 혀를 가지고 있어요.
이 혀를 날름거리면서 냄새를 맡지요.
그리고 귀가 없는 뱀은 혀를 사용해서
소리를 감지해요. 소리를 몸으로 느낀 뒤,
혀를 통해 소리가 들려오는 방향을 알 수 있어요.
뱀이 수시로 혀를 날름거리는 이유는 먹이가
있는 곳을 찾기 위해서예요.

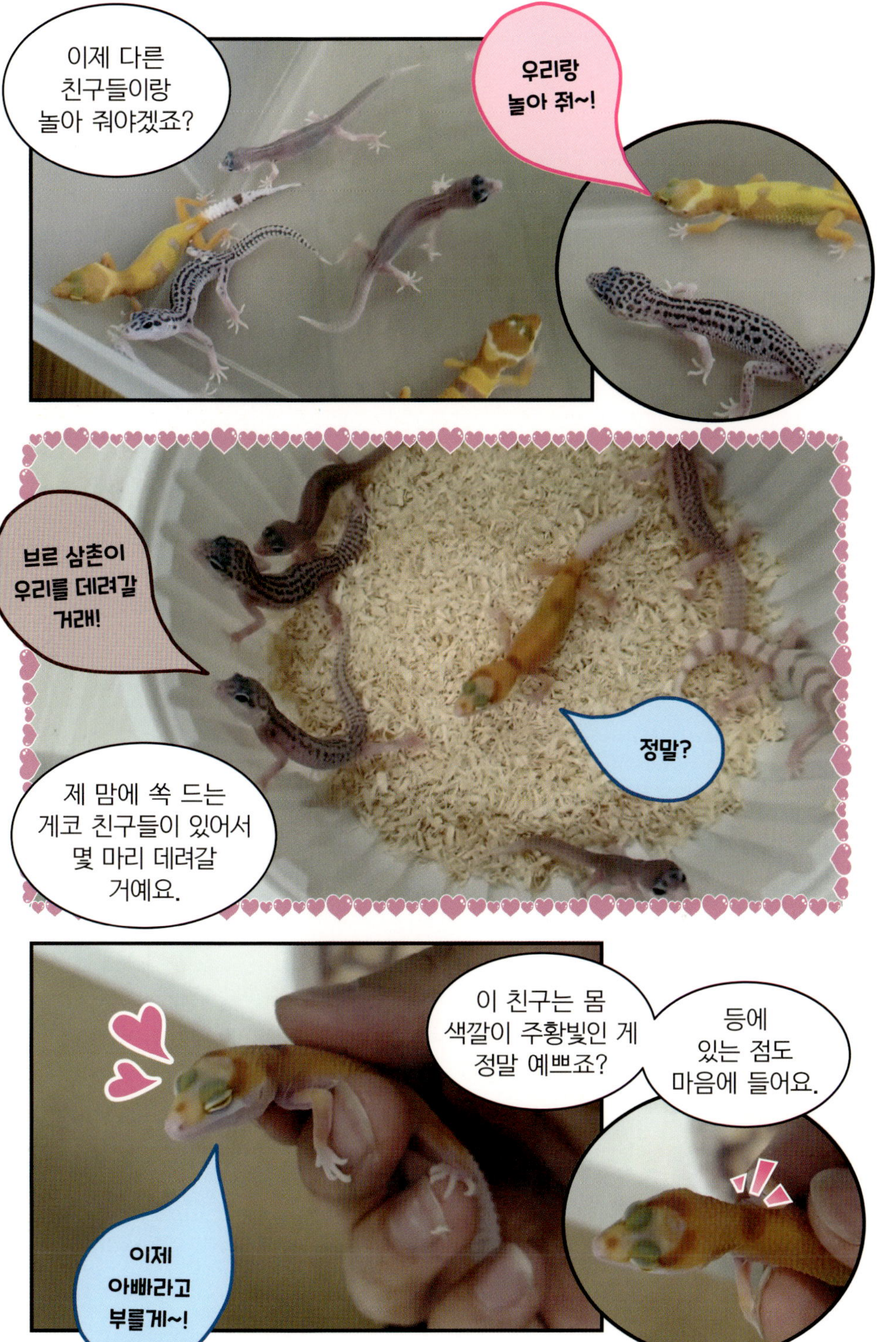

이제 다른
친구들이랑
놀아 줘야겠죠?
우리랑
놀아 줘~!
브르 삼촌이
우리를 데려갈
거래!
정말?
제 맘에 쏙 드는
게코 친구들이 있어서
몇 마리 데려갈
거예요.
이 친구는 몸
색깔이 주황빛인 게
정말 예쁘죠?
등에
있는 점도
마음에 들어요.
이제
아빠라고
부를게~!

이 친구들은
레오파드 게코
썬글로우인데,
몸과
머리에 반점이
없어요.
꼬물꼬물

여기도 모두
주황빛 몸 색깔이고,
검은색 반점이 있는
친구도 있네요.
밥
주세요!
바글바글

오늘 이렇게
뱀 알도 직접 만져 보고,
게코 친구들도 많이
데리고 와서 정말
기분이 좋네요.
데리고 온
친구들은 잘 키워
보겠습니다!

정브르의 파충류 탐구

도마뱀에서 다리가 사라지고 몸이 가늘게 변한 파충류는 뱀이에요. 주로 땅속에서 생활하는 뱀이 좁은 통로를 이동할 때 다리가 방해되어 퇴화하고 가늘고 긴 몸으로 진화한 걸로 추정해요.

영상으로 확인해 봐요!

★정브르의 파충류 탐구★

파충류 이름: 킹스네이크

아메리카 대륙에 서식하는 킹스네이크의 이름은 왕뱀이라는 뜻이에요.
몸이 2m까지 자랄 정도로 뱀 중에서 큰 편이라 다른 뱀이나 도마뱀, 쥐 같은 설치류 등을 잡아먹기도 해요.

★정브르의 파충류 탐구★

파충류 이름: 레틱 파이톤

세계에서 가장 긴 뱀인 레틱 파이톤은 그물무늬비단뱀이라고도 불러요.
레틱 파이톤은 5~8m까지 자라며, 긴 몸으로 먹잇감의 숨통을 조여 기절시킨 뒤 잡아먹어요.

영상으로 확인해 봐요!

4화

브르의 영원한 단짝 친구

바로바로…
오래 살기로 유명한
거북 친구들입니다!

스윽

호스필드 육지거북

짜잔

안녕!
반가워!

브린이를 위한 파충류 상식

평균 수명이 50~60년인 호스필드 육지거북은 땅을 파고 들어가는 습성(버로우)이 있어서 바닥재로 *코코피트와 황토를 적절히 섞어 줘야 해요.

*코코피트: 코코넛 열매의 껍질을 사용해서 만든 친환경 바닥재.

우르르
너희만 먹냐!
와구와구
아까 낮잠 자던 친구들이 일어났네요.
호스필드 육지거북은 무척 작은 친구들이에요.
먹는 게 무척 사랑스럽죠~?
빠르면 3년 만에 몸이 다 자라고, 성체 크기는 15~20cm예요.
같은 종이라도 무늬나 색상이 조금씩 달라요. 브르는 등딱지가 진한 친구들이 멋지더라고요!
등딱지가 연한 친구.
등딱지가 진한 친구.

브린이를 위한 파충류 상식

눈을 잘 뜨고, 먹이를 잘 먹고,
활발하게 움직이고,
등딱지가 단단한 친구들이 건강한
육지거북이에요. 육지거북이
눈을 크게 못 뜰 경우 면봉으로
눈을 씻어 주고, 안약을 넣어 줘야
눈병이 없어져요. 그리고 육지거북의
심장은 등쪽에 있기 때문에
등딱지를 너무 세게 누르면 안 돼요.

브르랑 오래오래 행복하자~!

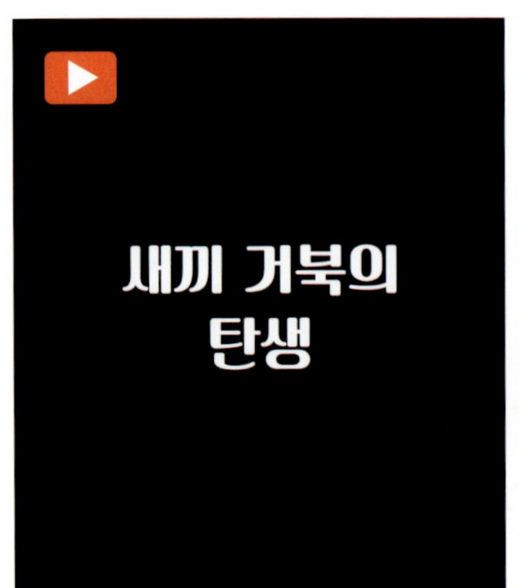

*부화: 동물의 알 속에서 새끼가 껍데기를 깨고 밖으로 나옴.

*인공 파각: 새끼가 껍데기를 깨고 나오지 못할 때, 사람이 인위적으로 이 과정을 도와주는 것.
*난황: 알 내부의 노란색 물질로, 영양분이 들어 있어 동물이 알에 있는 동안 영양분을 공급해 줌.

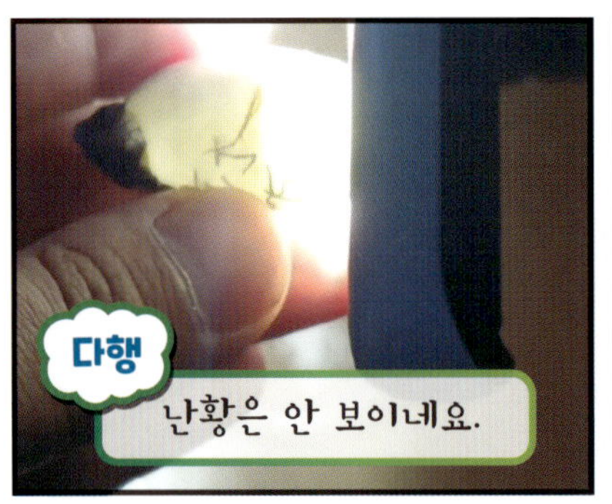

브린이를 위한 파충류 상식

오랫동안 스스로 알을 깨고 나오지 못하면 사람이 인위적으로 알의 껍데기를 까서 새끼가 나오는 것을 도와주기도 해요. 하지만 껍데기를 잘못 건드리면 새끼의 건강이 위험해져서 최대한 안전하게 알의 껍데기를 제거해야 해요.

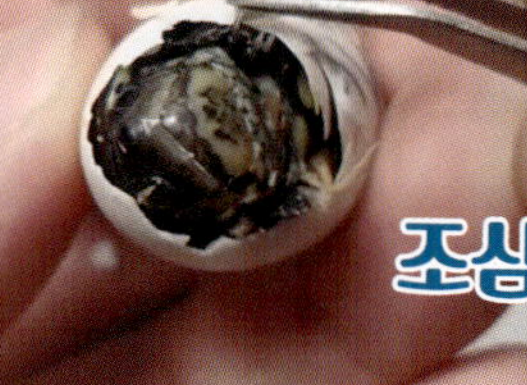

나가고
싶어~!
버둥버둥
조금만
더 힘내!
힘들어….
거의
다 나왔어!
낑낑
계속해서 도와주는 브르!
나왔다!
안녕,
브르 아빠!
앙증
꼬북아,
보고 싶었어.
정말 작다~!
영상으로
확인해 봐요!

하루 이틀 뒤, 배꼽이 잘 닫히면 친구를 물로 옮겨 주고 사료 붙임을 시작할게요.

맛있는 밥 줘~.

브린이를 위한 파충류 상식

동물에게 사료를 줄 때, 잘 먹는 친구도 있지만 사료를 거부하는 친구도 있어요. 이때 동물이 사료에 익숙해지게 하는 과정을 사료 붙임이라고 해요. 잘 먹는 음식에 사료를 섞어서 주거나, 일정 기간 동안 식사를 주지 않는 등의 방법을 사용해서 사료 붙임을 하지요.

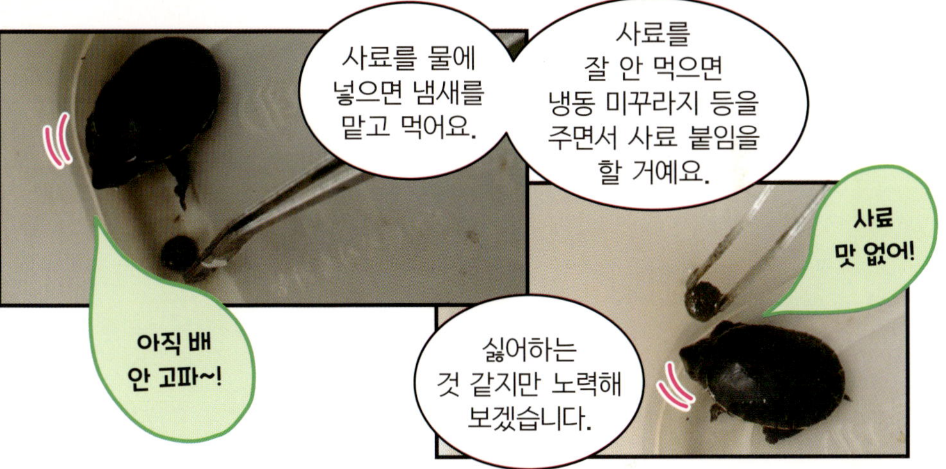

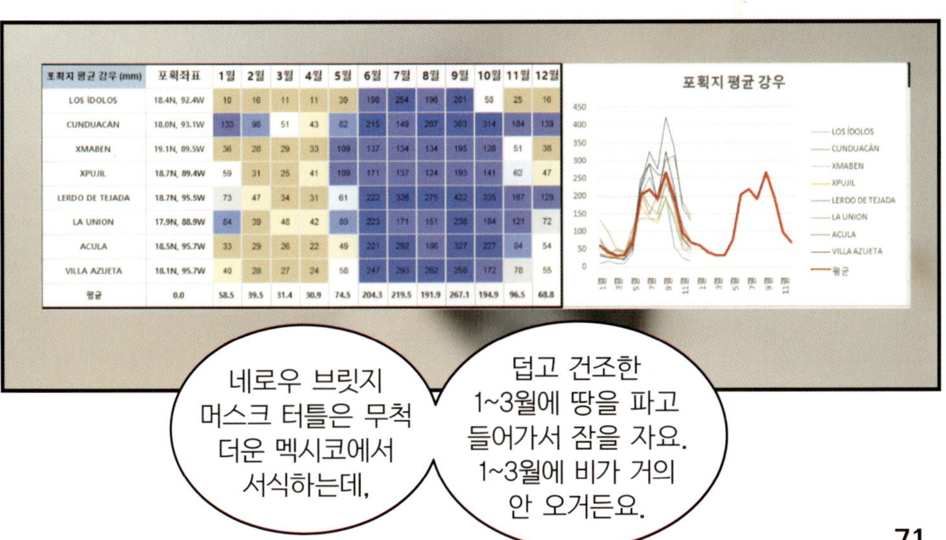

포획지 평균 강우 (mm)	포획좌표	1월	2월	3월	4월	5월	6월	7월	8월	9월	10월	11월	12월
LOS ÍDOLOS	18.4N, 92.4W	10	16	11	11	39	198	254	198	201	58	25	16
CUNDUACÁN	18.0N, 93.1W	133	96	51	43	82	215	149	207	303	314	184	139
XMABEN	19.1N, 89.5W	36	28	29	33	109	137	134	134	195	128	51	38
XPUJIL	18.7N, 89.4W	59	31	25	41	109	171	137	124	193	141	62	47
LERDO DE TEJADA	18.7N, 95.5W	73	47	34	31	61	222	326	275	422	335	187	129
LA UNION	17.9N, 88.9W	84	39	48	42	89	223	171	151	238	184	121	72
ACULA	18.5N, 95.7W	33	29	26	22	49	221	292	186	327	227	84	54
VILLA AZUETA	18.1N, 95.7W	40	28	27	24	58	247	293	262	258	172	78	55
평균	0.0	58.5	39.5	31.4	30.9	74.5	204.3	219.5	191.9	267.1	194.9	96.5	68.8

처음부터
큰 사육장에서
키울 필요 없고,
작은 곳에서
물을 자주 갈면서
키우다가 나중에
큰 데로 옮기면
돼요.
조금 이따가
먹을게!
ㅜㅜ
결국 안 먹네요….

난황이 뭔지
궁금하셨을 수
있는데,
예정보다
일찍 부화하면,
이렇게 노란 물질을
달고 나와요.
난황
배꼽
이런 경우,
배꼽이 아물기 전에
오염 물질이 들어가서
염증이 생길 수
있어요.
알 부화 기간을
지키고, 스스로 깨고
나오길 기다리는 것도
필요해요.

성체
다 자란 성체는
저런 모습이네요.
등딱지가 좀 더 연해진
것 같아요.
잘
부탁해~.

짠, 이 친구는 뱀목거북입니다.
브르 아빠다~!
밥이다!
덥석
냠냠
기톡
와~ 정말 잘 먹죠?
브린이를 위한 파충류 상식
거북은 보통 머리를 뒤로 움츠려 등딱지 속에 집어넣을 수 있지만, 목이 긴 뱀목거북은 목을 옆으로 구부려야 등딱지 안에 머리를 넣을 수 있어요.
우리는 사냥을 잘해!
뱀목거북은 사냥을 잘하고, 자연에서는 물고기나 물속의 풀을 먹으며 살아간다고 해요.
물 밖으로 거의 안 나오고요.

브린이를 위한 파충류 상식

다양한 종류의 거북은 사는 곳에 따라 발 모양이 달라요. 주로 땅 위에서 생활하는 육지거북은 땅을 디딜 수 있도록 굵고 튼튼한 다리를 가져요.
바다에서 생활하는 바다거북은 헤엄을 잘 칠 수 있도록 발이 큰 지느러미 모양으로 생겼지요.

←육지거북의 발

←바다거북의 발

처음에는 거북이 작고 귀여워서 기르다가,

몸이 커지면서 파양하는 경우가 많아요.

모든 생명은 귀하게 태어나니까 우리 브린이 친구들은 생명을 좀 더 아끼고 사랑했으면 해요!

우리를 사랑해 주세요~.

일광욕을 즐겨요!

자, 오늘은 육지거북 친구들과 일광욕하러 옥상으로 왔어요.
와, 햇빛이다!

UVB라는 전등으로 사육장 온도를 따뜻하게 유지하지만,
직접 햇빛을 쬐는 게 가장 좋아요.
진짜 기분 좋아!
자주 데리고 나오는 게 좋아요.

버둥버둥
아이고, 저 친구는 혼자 가다가 넘어졌네.
끄응차~.
휴~.
아무 일도 없었던 것처럼….

친구들이
햇볕을
쬐니 엄청
활발해졌어요.
나 잡아
봐라~!
친구야,
어디 가?
돌아와!
쌔앵
결국 저한테
잡혔습니다.
칫,
재미있었는데!
내가 더
빠르다!
레오파드 육지거북
저 친구들이
갑자기 달리기
시합을 하는데,
생각보다 빨라요!
별거북
다다다
내가
이겼다!
더 이상
못 가!
오~, 별거북이 이겼어요.
마지나타
브르의 다양한 육지거북~!
별거북
체리헤드 레드풋

앞으로 전진!

신선한 공기를 마시고 기분이 좋은지 여기저기 기어 다녀요. 정말 귀엽….

골든 그리스

뿌직

ㅜㅜ

앗, 내 손에 똥 싸는 건 좀….

나도 나가서 달릴래~!

사육장 안에 있을 때는 얌전한데 밖에 나오니 기분이 좋나 봐요.

와구와구

먹이도 평소보다 잘 먹고요.

육지거북은 주로 물에서 사는 수생 거북보다 키우기 어려워요.

모든 생명이 그렇지만, 키우기 전에 많이 공부하고 준비해야 해요.

눈병에 걸리거나, 조금 아프기라도 하면 밥도 안 먹는데 얼마나 걱정되는지….

우리를 위한 공부는 필수라고~!

정브르의 파충류 탐구

오래 사는 동물로 유명한 거북은 다양한 종류가 있어요.
거북은 바다, 육지, 민물 등 다양한 환경에서 살아가고, 생활 환경에 따라 발 모양이 달라요.

영상으로 확인해 봐요!

★정브르의 파충류 탐구★

파충류 이름: 악어거북

악어거북은 최대 90cm까지 자라고 무게가 100kg까지 나가요. 턱의 힘이 무척 강하지요. 등딱지가 울퉁불퉁하고 단단하며, 입이 갈고리 모양이에요.

★정브르의 파충류 탐구★

파충류 이름: 늑대거북

늑대거북은 등딱지가 30~40cm까지 자라요. 턱의 힘이 강하며 성격이 사나운 늑대거북은 먹이를 발견했을 때 목을 길게 내밀어 순식간에 먹잇감을 잡아먹어요.

영상으로 확인해 봐요!

숨은 그림 찾기

꼭꼭 숨어 있는 그림 4개를 찾아보세요.

숨은 그림 4개

풋사과 화살 당근 삼각자

정답은 140쪽에!

5화

변신의 왕 카멜레온의 탄생

아기 카멜레온의 사육장~!

브르 아빠다!

짠, 여기 태어난 지 얼마 안 된 카멜레온 아기들과 곧 태어날 알들이 있어요.

반가워~!

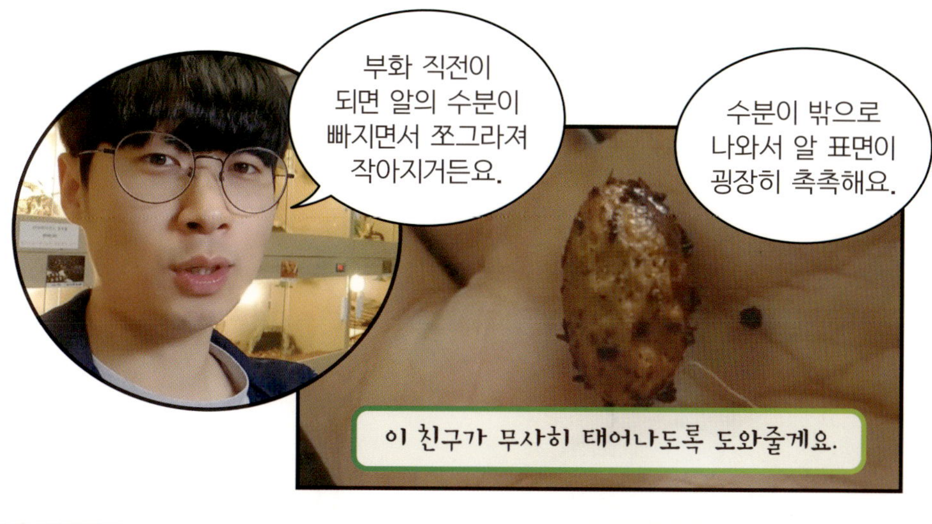
부화 직전이
되면 알의 수분이
빠지면서 쪼그라져
작아지거든요.
수분이 밖으로
나와서 알 표면이
굉장히 촉촉해요.
이 친구가 무사히 태어나도록 도와줄게요.

여기 보면 알에
흠집이 있어요.
여기를
핀셋으로 잡고
조심스럽게
뜯어 주세요.
찌익

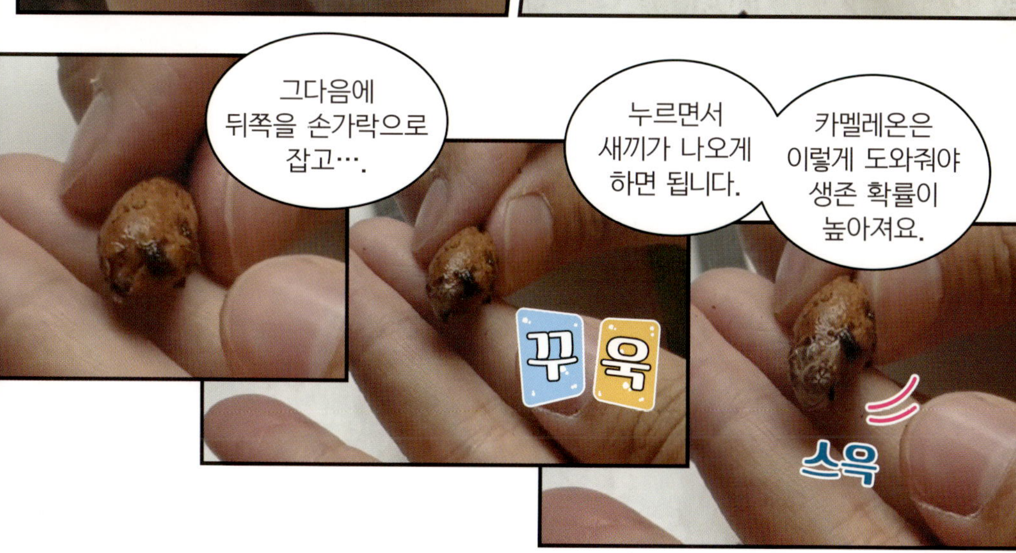
그다음에
뒤쪽을 손가락으로
잡고….
꾸욱
누르면서
새끼가 나오게
하면 됩니다.
카멜레온은
이렇게 도와줘야
생존 확률이
높아져요.
스윽

끙 끙

거의 다 나왔다!

조금만 더 힘내!

짜 잔

이 친구 목 주위를 보면 목도리를 한 것처럼 살이 몰려 있죠?

시간이 지나면 목에 있는 살이 아래로 조금씩 내려가요.

정말 신기하죠~?

*핀헤드: 갓 태어난 귀뚜라미.

앗, 우리 아이가 지금 나뭇가지에서 놀고 있네요!

올라가 볼까~?

허우적

허우적

ㅋㅋㅋ 팔이 짧아.

항상 습하게,
물을 많이
뿌려 주세요.
칙 칙
또르륵
카멜레온은
눈을 360도로
움직일 수
있어요.
또르륵
깜박
건강하게
태어나고,
잘 자라 줘서
고맙네요.
득 실 득 실
먹이로 제공할 초파리입니다.
탈 탈
얘들아, 밥 먹자~.
밥이다!
사냥하자!

아빠, 우리 잘 키워 주세요~.

새끼들이 멋진 성체가 될 때까지 잘 키우도록 하겠습니다!

여러분도 도전해 보세요~!

카멜레온 사육장 꾸미기

여러분, 잭슨카멜레온이 새끼를 낳았어요!

짠, 이 친구는 새끼들의 아빠예요.
공룡처럼 멋진 뿔을 가졌죠?
내 아기들 보러 왔어?
브린이를 위한 파충류 상식
잭슨카멜레온은 난태생으로 새끼를 낳는 카멜레온이에요.

이곳에 잭슨카멜레온의 새끼가 열 마리 정도 있어요.
누구지? 나가도 되나?
꼭꼭 숨어 있는 중!
브르 삼촌이다~.

*폐사율: 전체와 비교했을 때 쓰러져 죽은 비율.

맛있는 밥 주세요!

우선 살아 있는 친구들을 먹이로 줘야 해요.

저는 극소밀웜을 준비할게요.

극소밀웜

이건 흔적날개초파리인데, 날지 못해서 새끼들이 잘 잡아먹어요.

흔적날개초파리

사냥을 시작하자!

이렇게 먹이 그릇에 밀웜이나 핀헤드를 채워 놓으면

친구들이 사냥하는 모습을 볼 수 있어요.

먹이 그릇

자, 그러면
카멜레온 사육장에
대해 조금 더 알려
드릴게요.

이 친구는 지금
고인 물을 마시고
있는데요,

할 짝 할 짝

카멜레온은 보통
흐르는 물을 좋아해서
*드립퍼를 설치해야
해요.

*드립퍼: 물을 공급하는 기계로 물을 한 방울씩 떨어뜨리는 급수기.

고인 물도
마시긴 하지만,
드립퍼를 설치하면
신선한 물을
줄 수 있어요.

천장에서 한 방울씩
떨어지는 물

뚝 뚝

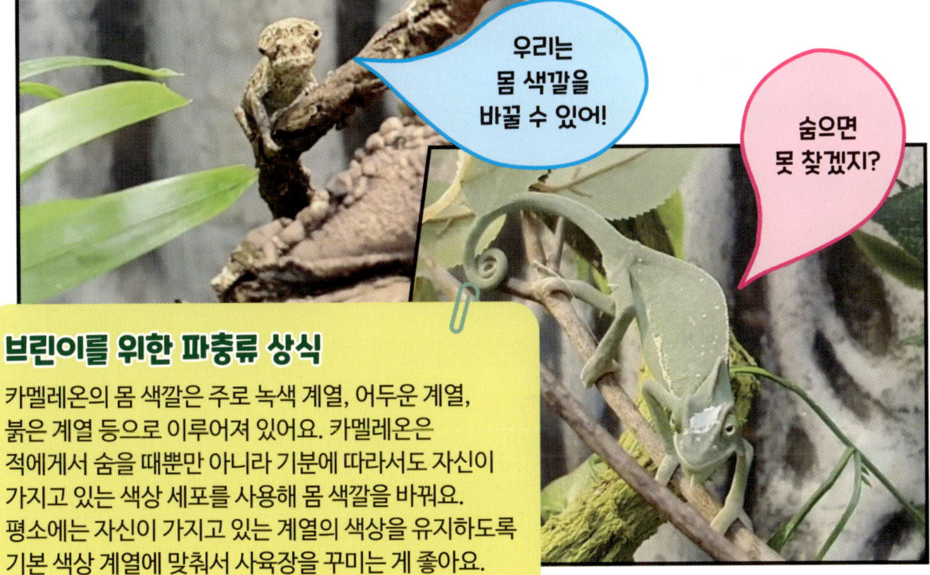

브린이를 위한 파충류 상식

카멜레온의 몸 색깔은 주로 녹색 계열, 어두운 계열, 붉은 계열 등으로 이루어져 있어요. 카멜레온은 적에게서 숨을 때뿐만 아니라 기분에 따라서도 자신이 가지고 있는 색상 세포를 사용해 몸 색깔을 바꿔요. 평소에는 자신이 가지고 있는 계열의 색상을 유지하도록 기본 색상 계열에 맞춰서 사육장을 꾸미는 게 좋아요.

들켰다는
생각이 들면
재빠르게
도망갑니다.

스윽

슝~!

ㅋㅋ

와, 정말 빠르죠?

그리고
습도 조절이
굉장히
중요해요.

낮에는
살짝 건조해도
괜찮고,

밤에는 조금
촉촉하게 유지하면
좋아요.

잘
조절해 줘~!

그리고
한 사육장에서
여러 카멜레온을 키울 때는
넓은 사육장을
사용하세요.

또 숨을 수 있는
공간을 많이 마련하고,
다양한 식물로 예쁘게
꾸며 주면 좋아요.

최고의
집이야~.

이 친구들은 모두 베일드카멜레온인데, 몸 상태나 기분에 따라 색이 바뀌어서 지금 알록달록하네요.

난 오늘 기분이 별로네~.

브린이를 위한 파충류 상식

머리 위에 커다란 왕관을 쓴 것 같은 볏이 특징인 베일드카멜레온은 콘헤드카멜레온이라고도 불러요. 수명은 약 10년이며, 주로 낮에 활동하지요.

실내 동물원이나 파충류관에 놀러 가면

이렇게 크고 멋진 베일드카멜레온을 볼 수 있어요.

친구들을 위해
귀뚜라미를
준비했어요.
먹히기
싫어!
우글우글
줄지어
몰려오네요!
밥이다!
우르르
천천히
와~!
내가
먼저
갈 거야!
으악!
미끌
아이쿠,
조심해야지~.
새치기하지 말고!
먹방 중
와구와구
이것들은
뭐냐~.
엥
뭐 하니, 너?

스윽

촤라락

냠냠

카멜레온은
몸보다 긴 혓바닥으로
먹이를 낚아채
잡아먹어요.

스윽

촤라락

냠냠

잘 먹으니
기분이 정말
좋네요~!

앞으로도
맛난 먹이
많이 줄게!

정브르의 파충류 탐구

몸 색깔을 바꿀 수 있는 카멜레온은 주로 나무 위에서 생활해요. 왼쪽과 오른쪽으로 자유롭게 움직이는 눈, 나무를 움켜쥐기 좋은 발, 가늘고 긴 꼬리가 특징이지요.

영상으로 확인해 봐요!

★정브르의 파충류 탐구★

파충류 이름: 피그미카멜레온

머리에 난 두 개의 뿔이 특징인 피그미카멜레온은 손가락보다 작은 크기의 소형 카멜레온이에요. 다 자라도 몸 크기가 5~6cm로 작은 사육장에서도 여러 마리를 함께 키울 수 있지요.

★정브르의 파충류 탐구★

파충류 이름: 세네갈카멜레온

아프리카에서 서식하는 세네갈카멜레온은 30cm까지 자라요. 습한 환경을 좋아하는 세네갈카멜레온은 성격이 온순한 편이고, 주로 낮에 활동하는 것이 특징이에요.

영상으로 확인해 봐요!

양서류란 무엇일까?

양서류란?	
피부	비늘이나 털이 없어요.
호흡	아가미, 폐, 피부로 호흡해요.
체온	변온 동물이에요.
번식	알을 낳아요.

양서류 탐구 노트 - ①

★ 어릴 때와 다 자랐을 때의 모습이 달라요.

양서류는 물속에 알을 낳아요. 그리고 알에서 나온 새끼는 물속에서 아가미로 호흡하지만, 다리가 나오며 어른의 모습으로 성장해요. 개구리는 성장 과정에서 꼬리가 사라지고, 도롱뇽은 꼬리가 그대로 남아 있답니다. 생김새가 바뀌면서 아가미가 점점 사라지며 폐로 호흡할 수 있고 땅 위에서 생활할 수 있지요.

개구리의 성장 과정

양서류 탐구 노트 - ②

★물가에서 살아가요.

양서류라는 이름은 두 곳의 서식지에서 살 수 있다는 뜻이 있어요. 새끼 때는 물에서만 살지만, 다 자라면 물과 땅, 양쪽에서 살지요.

하지만 양서류는 피부에 있는 물의 산소를 흡수하며 피부로도 호흡하기 때문에 항상 몸이 축축한 상태여야 해요. 그래서 물가를 벗어날 수 없고, 건조한 환경에 약해요.

물과 땅에서 사는 도롱뇽 (파이어살라만다)

양서류 탐구 노트 - ③

★우리가 지켜야 하는 동물이에요.

양서류는 물에 투명한 젤리 형태의 알을 낳아요. 그런데 사람이 만든 인공 배수로에 갇혀서 알이 태어나지 못하는 경우가 있어요. 우리 주변의 생물들이 자연에서 안전하게 살아갈 수 있도록 브르와 함께 노력해 봐요.

도롱뇽의 알

6화

개굴개굴 개구리를 키워 봐요!

짠, 이 친구는 아마존 열대 우림에서 온 밀키 프록이에요. 스트레스를 받으면 피부에서 우유처럼

하얀 액체를 분비하기 때문에 저런 이름이 붙여졌고, 우유 개구리라고도 하죠.

앞발이 무척 크죠?

개구리 친구들이랑 놀기 위해 손에 물을 묻힐게요.

칙 칙

완전 신나~.

브린이를 위한 파충류 상식

피부 호흡을 하는 양서류의 피부는 항상 깨끗해야 해요. 또한 피부에 수분이 충분해야 하기 때문에 양서류를 손으로 만질 때는 손을 깨끗이 씻고 촉촉하게 해 주세요.

사랑이
가득한 집을
부탁해!
오늘 브르는
이 친구들이 알을
낳을 사육장을
만들 거예요!
가로랑 세로가
30cm, 높이가
40cm인 사육장을
준비했어요.
브르의 산란 세팅!

나뭇잎
개구리는
보통 나뭇잎 위나
물속에 알을
낳아요.

아이들이
편하게 산란할 수
있도록 비슷한 환경을
만들게요.
물속

콸콸
산란 유도를
위해 일반 사육장보다
물을 조금 더 붓고,

철컥
수중 히터
물 온도를
유지하기 위해
수중 히터를
넣어요.

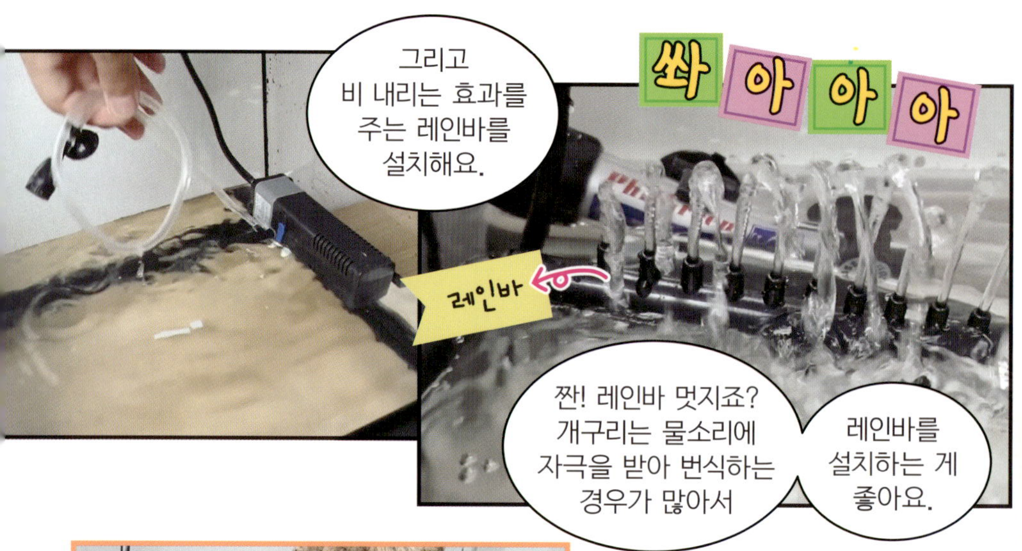
그리고
비 내리는 효과를
주는 레인바를
설치해요.
쏴아아아
레인바
짠! 레인바 멋지죠?
개구리는 물소리에
자극을 받아 번식하는
경우가 많아서
레인바를
설치하는 게
좋아요.

그리고 친구들을
위해 육지 공간도
만들고, 식물도
넣을게요.
스킨답서스
간단하게 세팅 끝!

조명까지 키면 완성!

수중 히터를
켜서 물 온도를
24~26도로
맞춰 주세요.

나뭇잎 위에
알을 낳을 수도
있어서 큰 잎을
넣었어요.
널찍

오,
새 집이다!

수컷
넓적한
잎사귀가
맘에 드는군!
얘들아,
사이좋게 지내고
알도 많이
낳아 줘!
암컷
좋은 집
고마워!

눈동자를 감싸는
금색 테두리가 보이나요?
밤이 되면 이 부분이
더 커져요.
그래서 옛날에는
이 친구들을
'골든 아이드 트리
프록'이라고 부르기도
했대요.

이사도 무사히 끝났으니, 먹이로 귀뚜라미를 줄게요.
덥석
앗, 놓쳤다!
으아아아!
난 잡아먹히기 싫어!
폴짝
ㅋㅋㅋ
사냥 당하면 어떡해.

청개구리 호텔 만들기

오늘은 내 집을 만드는 날이래!

식물
제가 정말 좋아하는 우리나라 청개구리의 집을 호텔처럼 예쁘게 꾸미려고 해요!
야호!
고구마
사육장

반짝반짝
먼저 바닥에 넣을 자갈을 깨끗하게 씻은 뒤, 물을 조금 붓고 식물들을 넣을게요.
자갈

식물이 물을
깨끗하게 해 주고,
청개구리 친구들이
잎사귀에서 뛰어 놀
수 있어요.
푸릇푸릇한 식물!
안녕하구마!
친구들이 사육장에서
싼 똥은 시간이 지나면 성질이
변해서 냄새가 무척 심하게 나요.
그런데 고구마가 이런 냄새를
잡아 줘요.
청개구리가
사는 환경은
깨끗해야 하는데,
고구마는 더러워진 물을
깨끗하게 정화하는
효과가 있어요.
우리
고구마 형제만
믿으라구마!
냄새 없애!
물 깨끗이!

브린이를 위한 파충류 상식

물 사육을 할 경우, 물을 맑고 깨끗하게 관리해야 해요. 배설물과 이물질 등을 없애기 위해 식물을 기르고, 이물질을 없애는 물고기를 기를 수도 있지요. 고구마를 키우면 뿌리가 나오면서 물속의 해로운 성분을 없애 주기도 해요. 때로는 수질 박테리아를 사용해 수질을 관리하는 것도 좋아요.

청개구리

배고프다, 개굴!

폴짝

흔적날개초파리를 먹이로 줄 거예요! 친구들한테 줄 먹이도 젤리를 먹이며 길러야 한답니다.

젤리

엄청나게 번식한 초파리!

그리고 친구들이 조금 더 자라면 동애등에라는 파리목의 식용 곤충을 줘요.

동애등에

브린이를 위한 파충류 상식

식용 곤충인 동애등에는 우리에게 도움이 되는 익충이에요. 더러운 물이나 거름 더미에서 사는 동애등에 유충은 음식물 쓰레기를 처리하는 데도 유용하게 쓰이고 있지요. 그리고 성충이 되면서 입이 퇴화해 없어지기 때문에 사람에게 해롭지 않아요.

←동애등에의 모습

먹이통에
초파리나 동애등에를
넣고, 사육장에
꽂아요.

쏘옥

먹이통

먹이통에 뚫린
구멍으로 먹이가 나오면
청개구리 친구들도
이곳에 먹이가 있다는 것을
알게 되죠.

나중에는
잎사귀에 앉아서
먹이를 기다릴
거예요.

그리고 물이 썩지 않도록 산소도 넣어 줘야 해요. 환경이 좋아야 아이들이 먹이도 잘 먹고 건강히 지냅니다!
에헴, 나는 깨끗한 환경에서 산다고!

산소를 넣는 에어 호스를 사육장에 연결하면 물이 썩고 냄새가 나는 걸 막을 수 있어요.
산소 공급 필수!

빼꼼
너무 사랑스럽죠?
이 집 정말 마음에 들어!
건강한 환경을 만들어 주세요!

등장

남아메리카 뿔개구리과에 속하는 이 친구들은 커다란 입 때문에 팩맨 개구리라고 불러요. 몸의 색이나 크기가 무척 다양한데, 브르가 하나하나 알려 줄게요!

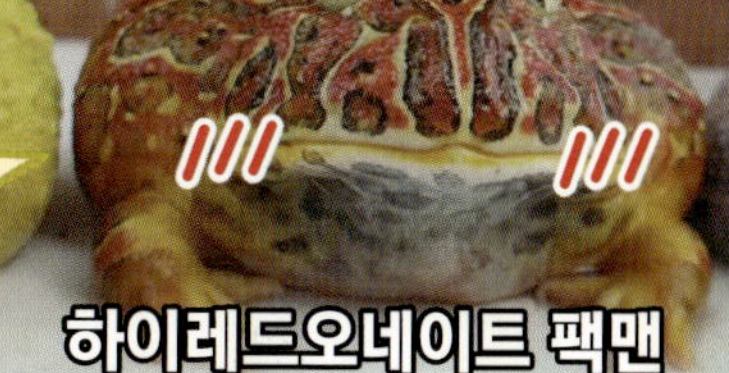

몸 색깔이 붉은 이 친구는 기온 차이가 큰 아르헨티나에 살아서 온도 변화에 강한 편이에요. 처음 팩맨을 기르는 분들에게 좋죠!

차코 팩맨 중
화이트라임알비노
팩맨 암컷입니다.
만질 때는
손을 차갑게
해 주세요!
말캉
말캉
나를
키우면 복이
올 지도~?
와!
완전 금두꺼비 같네요~?

이 친구는
화이트알비노예요.
아이고, 웃는
얼굴이라 그런지
보기만 해도 기분이
좋아요!
차코 팩맨 화이트알비노

수리남 팩맨
여기 갈색
친구는 낙엽처럼
생겼죠? 이 친구들은
수리남 팩맨이에요.
살짝 화나
보이기도 하고
외모가 약간 도깨비
같아요.
도깨비라니!

수리남 팩맨은 기온 차이가 거의 없는 곳에서 살기 때문에 온도 변화에 예민한 친구들이에요.

오!

턱은 검은색이에요.

우리가 좀 까다로워~.

두 둥

몸 색깔 멋지지?

이 친구들은 가장 큰 브라질리언 팩맨으로, 일반 팩맨 개구리보다 3배 정도 커지죠.

브라질리언 팩맨

그리고 팩맨
친구들은 아무거나
잘 먹어요.
다른 개구리를
먹기도 하고,
쥐나 뱀, 물고기 등을
다 잡아먹어요.
우리는
편식하지
않아.
정말 매력적인 친구들이네요~!

우리는 정말
아담하지~?
그리고
가장 작은 퍼시픽
팩맨이에요. 다 컸는데
이 정도 크기예요.
퍼시픽 팩맨
실제로 보면
야광 느낌의
색깔이라 인기가
많아요.

팔이 짧고
머리도 작아서 귀엽죠?
암컷이 아주 조금 더
크지만 이게 다 자란
크기라니 놀라워요!
세상에서 가장 작은 팩맨~!

수컷
암컷
암수 구별 방법을 알려 드릴 게요! 팩맨이 다 크면 수컷보다 암컷이 더 커서 몸 크기로 암수를 구별할 수 있어요.

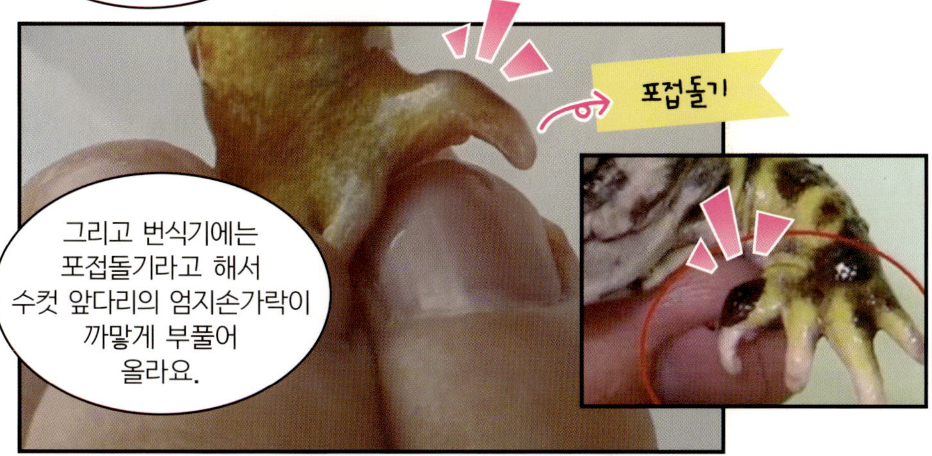
포접돌기
그리고 번식기에는 포접돌기라고 해서 수컷 앞다리의 엄지손가락이 까맣게 부풀어 올라요.

형형색색 팩맨 오총사 총 집합!
매력적인 우리를 키우지 않을래?

개성만점 팩맨의 매력에 빠져 보세요!

정브르의 양서류 탐구

개구리는 새끼일 때와 성체일 때의 모습이 다른 양서류예요.
알에서 태어난 새끼를 올챙이라고 불러요. 이 시기에 다리가 나오고 꼬리가 짧아진 뒤, 아가미가 사라지며 개구리로 자라나요.

영상으로 확인해 봐요!

★정브르의 양서류 탐구★

양서류 이름: 독화살개구리

다양한 색을 가진 독화살개구리는 강한 독을 가지고 있어요.
인디언들이 화살촉, 칼날, 독침 등에 독화살개구리의 독을 묻혀 전쟁 도구로 이용할 정도였지요.

★정브르의 양서류 탐구★

양서류 이름: 유리개구리

중앙아메리카와 남아메리카에 걸쳐 서식하는 유리개구리는 몸이 무척 투명해서 심장 등 몸 안의 여러 기관이 잘 보여요.
크기는 작은 편이고, 약 2.7cm까지 자라는 것으로 알려졌어요.

영상으로 확인해 봐요!

7화 사랑스러운 우파루파

안녕!

브린이들, 안녕!
오늘은 세계적으로
사랑받는 도롱뇽,
우파루파를
소개할게요!

반가워!

브린이를 위한 파충류 상식

우파루파는 멕시코 남부의 소치밀코 호수에 사는 도롱뇽이에요. 아홀로틀 또는 멕시코 도롱뇽이라고도 불리지요. 현재 우파루파는 자연에서 멸종 위기에 처해 있어요.

이 친구는 아직
다 크지 않았지만,
다리가 나온
상태예요.

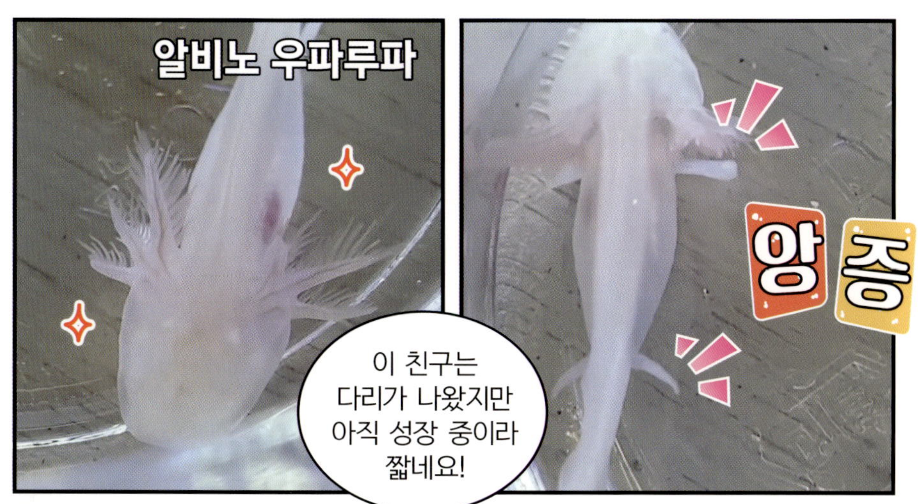

브린이를 위한 파충류 상식

알비노는 멜라닌 색소가 결핍되어 선천적으로 피부가 하얀색이고 눈의 색이 붉은빛을 띠는 개체를 말해요.

자, 이제
우리 귀여운
우파루파 친구들의
사육장을 준비할
거예요.

와, 나도
집 생기는
거야?

아직 아기들이라
작은 사육장에서
키우지만, 몸이 조금 더
자라면 더 큰 곳으로
옮길 거예요.

바닥재를 먹이로
오해하고 먹을 수도
있어서 지금은 바닥재를
깔지 않았어요.

브린이를 위한 파충류 상식

우파루파는 낮은 온도를 좋아하기 때문에 물 온도를 20~23도로 맞춰야 해요. 물 온도가 25도 이상으로 올라가면 아가미 부분의 털이 없어지고, 온도가 낮아지면 원래대로 돌아와요.

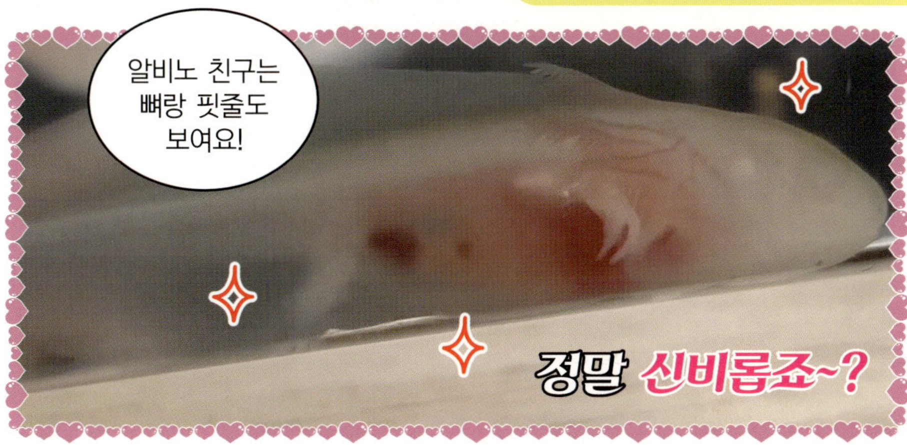

*블러드웜: 장구벌레(모기의 애벌레)로 만든 사료.

덥석
먹는다!

음~
맛있다~!
냠냠

나도,
나도!
천천히 먹어!
와구와구
더
먹을래!

오잉?
이것은?!
킁킁
블랙 우파루파도 관심을 보이네요.
냠 냠
오,
맛있네~!
우파루파는
성장 속도도 빠르고
먹성도 좋아서
키우기 쉬워요.
먹이로는
브라인쉬림프,
블러드웜, 작은 물고기,
작은 곤충 등을
주면 돼요.
브라인쉬림프는
새우를 닮았지만
아르테미아속의
절지동물로, 열대어
사료로 널리 쓰여요.
아이고,
먹은 게
다 보이네!
배부르니까
졸려~.
빵 빵
넌 진짜 많이
먹었구나?

준비한 사육장
온도가 21도로
잘 맞춰져서 친구들을
옮길게요.
친구들아, 집으로 가자!
완전
기대돼!

이야,
여기 물
좋다!
만 족
여기서
잘 지내다가 나중에
더 큰 곳으로
이사 가자!

낮은 온도의 물을
좋아하는 녹조식물
마리모도 넣어서 함께
기르면 좋아요.
처음 보는
친구가
들어왔네~?
잘
부탁해!
마리모
사이좋게 잘 지내길 바라~!

늙지 않는
도롱뇽이
있다고?

변태 3일 차

생김새가
많이 변했어요.

정말 신기하죠~?

방금 변태 과정을
보여 드린 친구는
타이거살라만다라는
도롱뇽이에요.
아가미가
없어지고 얼마
안 됐는데 생김새가
달라지죠?

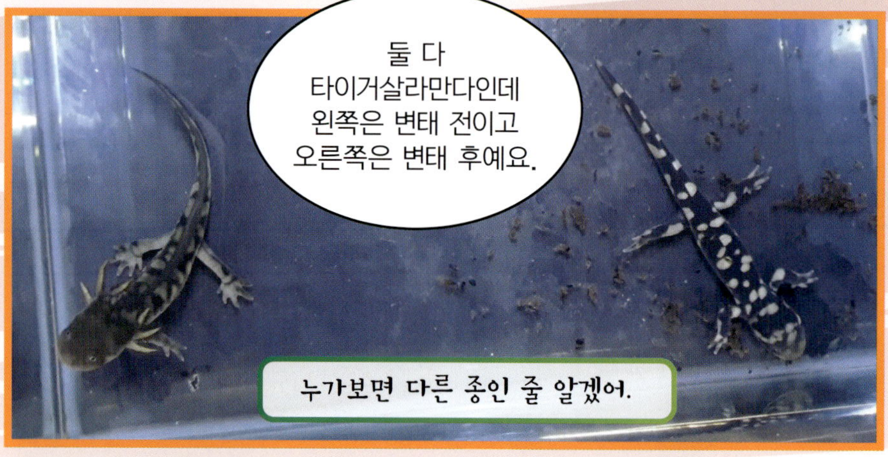
둘 다
타이거살라만다인데
왼쪽은 변태 전이고
오른쪽은 변태 후예요.
누가보면 다른 종인 줄 알겠어.

타이거살라만다
우파루파
그런데
신기하게도
우파루파는 이런
변태 과정을 거치지
않아요.
신기하지?

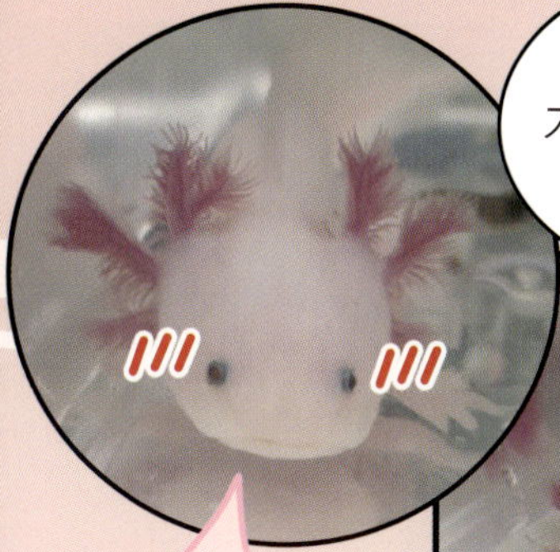

이 친구는
거의 다 자랐는데도
아가미가 있죠?

우파루파는
*유형 성숙이라고,
변태 과정 없이
생식 기능이
생겨요.

나는
이미 다
커 버렸지!

나는 아직
어리지롱뇽!

*유형 성숙: 동물의 성장이 일정한 단계에서 정지하고 생식소만 성숙하여 번식하는 현상.

브린이를 위한 파충류 상식

대부분의 양서류는 변태 과정을 거쳐 생김새가 달라지고, 생식 기능이 생겨요. 하지만 우파루파는 올챙이에서 성체까지 2년 정도 걸리는데, 이때 변태 과정을 거치지 않고 생식 기능이 생기지요. 그래서 우파루파는 아가미로만 호흡하며 물 밖으로 나갈 수 없어요.

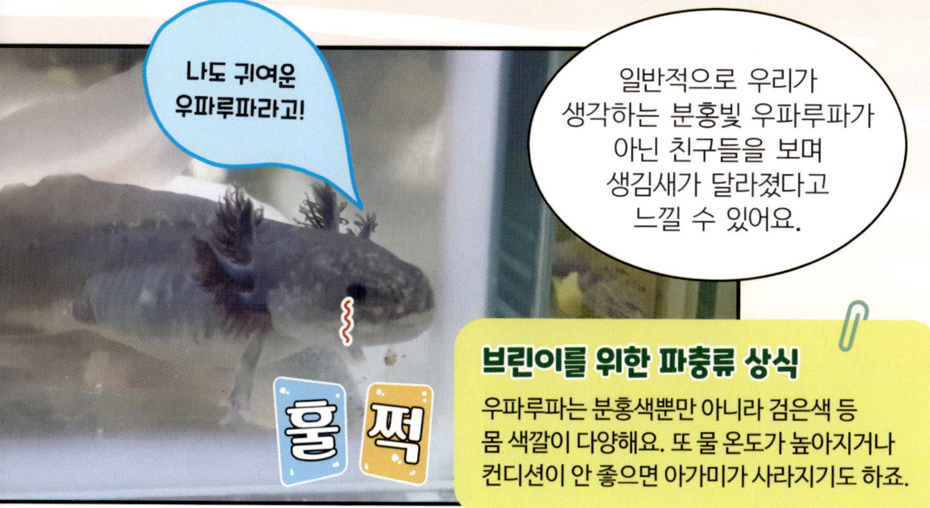

브린이를 위한 파충류 상식

우파루파는 분홍색뿐만 아니라 검은색 등 몸 색깔이 다양해요. 또 물 온도가 높아지거나 컨디션이 안 좋으면 아가미가 사라지기도 하죠.

우파루파 친구들의 먹방을 구경해 볼까요?
어? 밥이다!
귀염
냠냠

브린이를 위한 파충류 상식

우파루파는 재생 능력이 뛰어난 신비한 동물이에요. 다리나 꼬리 등에 손상을 입어도 쉽게 회복하지요. 게다가 우파루파는 장기 이식을 받아도 거부 반응 없이 잘 적응해서 과학적으로 연구가 이뤄지고 있어요.

브르와 함께
생명을 구하자!

매년 봄이 되면 도롱뇽과 개구리 친구들이 이런 연못에 알을 낳고,

올챙이가 굉장히 많이 태어나요. 여기도 올챙이가 엄청 많죠?

4~5월은 양서류들의 번식 계절!

반가워~.

도롱뇽 알 보여요?

도롱뇽 알
제가 뜰채로 건질게요.

도롱뇽
이렇게 건지다 보면 알뿐만 아니라 도롱뇽이나 개구리도 구할 수 있어요.
고맙습니다!

우리도 구해 줘!
도와주세요!
산책로의 수로!

안타까움
양서류 친구들은 물속에 알을 낳는데, 수로의 높이가 높거나 막혀서 나갈 곳을 못 찾으면 위험해져요.
휘적

흑흑,
무서웠어.

알들을 모아서 깨끗한 물에 풀어 줄 거예요. 조금만 기다려 줘!

다 도롱뇽 알이에요!

한가득

두둥

와!

수로 하나에 도롱뇽 알이 엄청 많이 나와요.

박스에 가득찬 도롱뇽 알!

여기
도롱뇽도 있는데,
알을 낳은
어미 같아요.
휴,
살았다!
엄청난 양의 알!

마지막까지 최선을 다해 구출하는 브르!
쑤
욱

자, 이제
구출한 알들을
나눠서 여기저기
풀어 줄게요.
여기서
잘 살아야 해!
스
윽
와! 깨끗한
물이다!

이곳저곳에 풀어 주세요!
좌악
여기서
건강하게
태어나라~.

주변을
살펴보면 우리가
구할 수 있는 생명이
정말 많아요.

조금만
노력하면 살릴 수
있는 생물이 무척
많답니다.
생명을
살리는 일,
브린이 친구들도
할 수 있어요.

브르 님,
고마워요~!
덕분에
살았어요!
모든 생명들이 잘 살아가길 바랍니다.

정브르의 양서류 탐구

도마뱀과 비슷하게 생긴 양서류인 도롱뇽은 보통 웅덩이나 습한 땅 등 물이 느리게 흐르는 곳에 알을 낳아요. 도롱뇽도 새끼에서 성체로 변할 때 개구리처럼 모습이 달라지지만, 꼬리는 짧아지지 않고 남아 있어요.

파이어벨리 뉴트 새끼

★정브르의 양서류 탐구★

양서류 이름: 파이어벨리 뉴트

주로 중국에 서식하는 파이어벨리 뉴트는 도롱뇽목 영원과에 속하는 양서류예요.
'붉은배영원'이라고도 불리는 파이어벨리 뉴트는 배의 색이 붉고 검은 점이 있어요.

★정브르의 양서류 탐구★

양서류 이름: 타이거살라만다

어두운 몸 색깔에 노란색 반점이 있어서 호랑이를 닮은 타이거살라만다는 17~33cm까지 자라는 도롱뇽으로, 도롱뇽 중에서는 큰 편에 속해요.

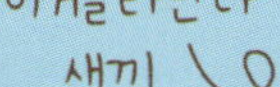

개구리의 미로 찾기
개구리가 친구를 찾을 수 있도록 도와주세요.
출발

정답은 140쪽에!

42~43p

80~81p

138~139p

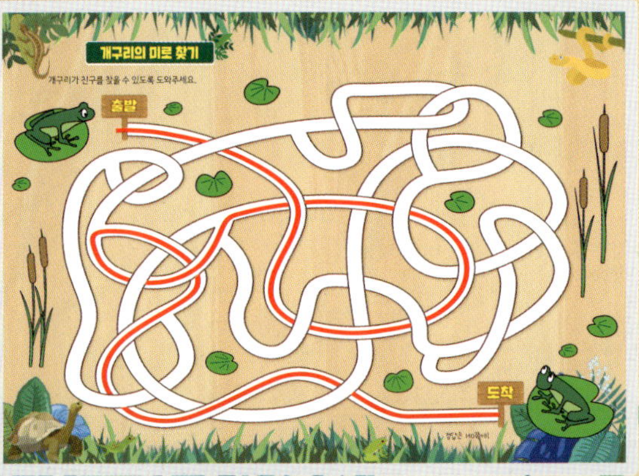

인기 게임 〈무한의 계단〉

정보와 재미 무한대 출동!

곤충 탐구 추리 동화
곤충 탐정
정브르
탐정이 된 브르, 고나와 함께
곤충 세계의 사건을 해결하라!

화제의 신간
곤충 탐구 추리 동화
곤충 탐정 정브르 5
위기의 아마존을 구하라!
원작 정브르 | 감수 샌드박스네트워크 | 값 14,000원

먹이 사슬과 천적

브린이를 위한 도서!

정브르의 동물일기
값 13,000원